# 卷首语

## 加强非遗系统性保护，助推社会可持续发展

### 王加华

2021 年 8 月，中共中央办公厅、国务院办公厅发布《关于进一步加强非物质文化遗产保护工作的意见》，指出"深入实施非物质文化遗产传承发展工程，切实提升非物质文化遗产系统性保护水平，为全面建设社会主义现代化强国提供精神力量"。2022 年 11 月，习近平总书记又进一步对非物质文化遗产保护工作做出重要批示，强调要扎实做好非物质文化遗产的系统性保护，更好地满足人民日益增长的精神文化需求，推进文化自信自强。"系统性保护"，也由此成为继"抢救性保护""生产性保护""整体性保护"之后，当前我国非物质文化遗产保护的最核心指导理念。

何谓非遗系统性保护，目前学界并未有统一认知。简单来说，非遗系统性保护，就是将非遗视为一个系统，结合非遗所处环境、构成要素以及结构、功能的整体性保护，强调非遗保护的一体性、系统性，而非单纯的项目化、局部性保护。这一理念的提出，与当前对非物质文化遗产性质的进一步深入认知紧密相关。就本质而言，非物质文化遗产是与民众生活紧密相关的文化现象，是民众生活的组成部分与重要体现，有其存在的具体而微的自然与社会文化生态语境。基于此，任何一项或任一类别的非物质文化遗产，不能只单纯针对工艺流程、个别项目传承人等非遗要素本身进行保护，更要对与某一非遗项目存续紧密相关的文化生态系统加以强调与关注。这应是非遗系统性保护的最核心理念所在。

开展非遗系统性保护，要摒弃传统的"名录"思维，即只有列入名录的才是非遗，才需要加以保护；要破除传统的只对非遗要素本身进行保护的理念，除非遗要素、个别项目传承人外，更强调对文化生态的重视与保护；要关注不同类别非遗项目的共生共存关系，比如传统节日，本身即非遗，更是传说、仪式、表演艺术、传统工艺等非遗的重要载体；要加强非遗保护的一体化建设，做到政策制定、措施落实、多元主体参与的一体推进；要保护与发展相结合，秉持共有、共享、公益理念，将非遗保护融入国家发展战略体系，发挥非遗保护在当前国家经济建设与文化发展中的积极作用。

非物质文化遗产系统性保护的目的之一，在于通过对非遗要素、结构、功能等的一体化、整体性保护，促进非遗自身的可持续发展。可持续是人类社会发展的一种新理念，也是当前被国际社会所公认的主流发展理念。非物质文化遗产，作为中华优秀传统文化的重要组成部分，凝结了特定时代民众的行为观念、精神追求与社会发展，是中华文明绵延传承的生动见证，对于新时代文化发展、文旅融合、乡村振兴、新型城镇化建设以及整体国家发展战略都具有极其重要的价值与意义。因此，非遗系统性保护，在促进非遗自身可持续发展的同时，最终目的则在于助推整个国家乃至全人类社会的可持续发展。

---

作者简介：王加华，山东大学儒学高等研究院执行院长，博士生导师。

# 2024 2
## CONTENTS 目录

总第34辑

主　办　上海师范大学
　　　　中西书局
承　办　上海师范大学中国非物质
　　　　文化遗产传承研究中心

名誉主编　冯骥才
主　　编　陆建非
副 主 编　林银光　戴建国

编委会

主　　任　陆建非
副 主 任　陈　恒
委　　员　（以姓氏笔画为序）
　　　　　王　元　张文潮
　　　　　董丽敏

编辑部

主　　任　林银光
副 主 任　郎晶晶

责任编辑　刘　博

刊名题字　陆建非

# 非遗传承研究
## RESEARCH ON INTANGIBLE CULTURAL HERITAGE

# 目 录 2024 2
## CONTENTS

本目录页书法作品系中国书法家协会会员、上海师范大学中国非物质文化遗产传承研究中心王恩科中国书法工作室负责人王恩科所作

### 著作权使用声明

地 址 上海师范大学体化楼
101室
邮 编 200234
电 话 021-64321638
邮 箱 fyjk2016@163.com
出版日期 2024年6月25日

法律法规
Laws & Regulations

# 希腊非遗保护法律及其相关政策解读

牟 旭

**摘 要：** 文章梳理了希腊非遗保护的相关法律、政策以及总统令，对其典型的条款进行分析，总结出希腊非遗保护法律具有分工管理科学、重视教育和审美意识的培养、利用财政杠杆焕发活力等特点。希腊和中国同是"一带一路"沿线古国，分析希腊非遗保护的独特和创新之处或可获取到新思路。

**关键词：** 希腊；非遗；文化遗产；法律政策

希腊作为历史悠久的文明古国，文化遗产资源丰富，特色鲜明。希腊的非物质文化遗产（以下简称"非遗"）保护一直有着不可忽视的地位，并被视为一种让希腊摆脱危机的方法。早在联合国教科文组织通过《保护非物质文化遗产公约》前，希腊就在已出台的法律法规里提出"非物质文化品"（intangible cultural goods）这一概念，实际上就是以另一种称谓来对非遗进行规定和诠释，并以法律的形式将物质文化遗产与非遗区别开来。在成为《保护非物质文化遗产公约》缔约国后，希腊积极配合联合国教科文组织的行动，逐步完善非遗保护体系，相继颁发了不同的法律政策、总统令等，明文规定对非遗的原生态保护和对公民审美意识的培养，强调公众参与、经济发展与文化遗产保护的关系，营造出良好的社会文化氛围，大力推动非遗的现代化传承，有诸多创新之处。

## 一、希腊非遗保护法律及相关政策

希腊虽然没有颁行专门针对非遗保护的法律，但在宪法、知识产权法、文物法等法律里都能找到非遗保护的相关条款。希腊政府也一直尝试将这些条款系统化、完整化，并补充文化政策和总统令来解决非遗保护在实际执行中遇到的问题，以实现对非遗的原生态保护。除这些努力外，希腊也积极响应联合国教科文组织的号召，结合自身优势，与其他国家紧密合作，不断为非遗名录添砖加瓦。

### （一）本土法律法令

自希腊共和国成立以来，其针对非遗的法律法规逐步完善，对非遗保护的投入也逐渐增加。希腊的非遗保护不单单只局限于法律，相关的文化政策和总统令也是重要参照物，这几部分彼此照应，相互补充，由此构成完整的非遗法律保护网。

#### 1. 法律与政策

从 1974 年希腊共和国成立起，保护文化遗产就成为国家的责任。

1975 年，希腊在其《宪法》[1]的第 24 条第 1 款规定："保护自然和文化环境是国家的义务和每个人的权利。"

希腊于 1993 年出台的《知识产权法》（第 2121/1993 号法律）[2]规定："在不侵犯原有作品的情况下，翻译和改编自民俗传统的作品、民俗传统作品集和数据等，如百科全书、选集或数据库等受到法律的承认和保护。"这项法律实际上是对知识产权的一种权利型保护，其规定为民俗传统的传播提供法律保障，既保护原作品的权利，又推动非遗的传承和发展。

1997 年，希腊颁行《关于文化发展的制度、措施和行动》（第 2557/1997 号法律）[3]，其内容包括：设立国家文学和其他奖金的新框架，执行固定书价；建立新的国家艺术展览馆和博物馆；设立有关塞萨洛尼基电影节和希腊电影中心的新法规；通过委托国有企业进行与文化遗产有关推广和利用措施来推广音乐、电影和艺术教育；重视视听和多媒体制作及相关活动，

**作者简介：** 牟旭，上海师范大学人文学院都市文化学硕士研究生。

重视知识产权的保护。希腊通过法律规定的不同途径来强化公众对包括歌舞、艺术在内的文化遗产的理解与认同，鼓励社会各界实现对文化的原生态保护。

保护文化遗产的集大成者是希腊于2002年颁布的《文物与文化遗产保护法》（第3028/2002号法律）[4]，它是希腊非遗保护立法进程的里程碑。该法律全文共十章75条，十章的内容依次为：基本规定；不可移动的纪念碑和遗址、活动纪念碑；文物进出口；考古研究和工作；博物馆；进入和使用博物馆和场地；财政激励；集体团体；刑法规定；特殊的、过渡性的和最终的规定。在该法律中，希腊提出并采用"非物质文化品"这一概念，以开展对非遗的保护。在此之前，非物质文化品被称为"传统和现代民间文化"。

希腊于2008年通过《保护文化产品的措施》（第3658/2008号法律）[5]，一方面明确博物馆的展览和教育计划，另一方面对文化遗产的保护提出更具针对性和落地性的措施，在明晰基础性工作的前提下设定进阶手段，有效补足《文物与文化遗产保护法》中非遗保护相关内容的缺失，进一步完善非遗的保护体系。此外，希腊还建立国家非遗委员会，负责制定政策和管理非遗事务。

2. 总统令

希腊总统于2006年签署总统令2520/2006，批准通过联合国教科文组织的公约"保护和促进文化表现形式多样性"（2005年）[6]；次年发布总统令3525/2007，提出艺术和文化遗产的赞助要得到文化部的批准和监管，文化部也将提供给潜在的赞助商一份关于候选赞助项目的列表。

2012年，希腊总统签署总统令62/2012，对非物质文化品的登记、记录和造册做出详细规定，将《文物与文化遗产保护法》第5条具体化为更为详细的实施条例。

（二）国际公约与合作

希腊除了完善本国法律法令来保护非遗之外，还积极响应联合国教科文组织的行动，推进《保护非物质文化遗产公约》的实施，并与其他国家通力合作，不断扩大非遗的影响力，创新非遗保护的形式。

1. 与联合国的互动

希腊在1981年7月17日签署了联合国教科文组织的《保护世界文化和自然遗产公约》，并于2006年批准通过联合国教科文组织的《保护非物质文化遗产公约》。根据《保护非物质文化遗产公约》第四章的规定，希腊建立了《人类非物质文化遗产代表作名录》《急需保护的非物质文化遗产名录》《保护非物质文化遗产的计划》《优秀实践名册》，随着这些名录名册的建立，希腊的非遗保护工作迈上了新的台阶。

2007年，希腊正式成为《保护非物质文化遗产公约》缔约国，并开始采用"非物质文化遗产"这一定义。

2. 与其他国家的合作

希腊与西班牙、意大利以及摩洛哥等国通力协作，不断扩大"地中海饮食"的影响力，并在2013年成功将其列入联合国教科文组织的非遗代表作名录。而在2018年，希腊又与克罗地亚、法国、意大利等国家一起将干石墙艺术、知识与技巧成功申遗。

**二、希腊非遗保护的特点**

希腊立足本国国情，因地制宜发挥优势，逐步构建起以法律主导，总统令为辅助，文化政策为依托的非遗保护框架，呈现出科学性、普适性和灵活性的特点。希腊政府和人民相互配合、互帮互助，极大地焕发了非遗保护的活力，更好地推动了非遗在当代的传承、推广和发展。

1. 非遗保护管理的科学性

希腊将文化遗产的合法地位明文写进法律，这就很大程度避免了概念混淆不清、范围界定模糊等问题。《文物与文化遗产保护法》第一章第1条里就有明确的表述："从古至今，该国的文化遗产都属于本法规定的保护范围"；"该国的文化遗产包括位于希腊领土境内的文化品，包括领海，以及根据国际法具有相关管辖权的希腊境内的其他海域。文化遗产还包括非物质文化品。"该条例对文化遗产的划定范围较为精细，涉及领海和其他海域，还明确地指出非物质文化品包含在文化遗产之内。值得注意的是，希腊提出"文化品"这一概念，同时在第一章第2条明确文化品的定义："文化品是对人的存在以及个人和集体创造力的证明。"同时指出"非物质文化品是指表达、活动、知识和信息，如神话、习俗、口头传统、舞蹈、诉讼程序、音乐、歌曲、构成传统、流行和文学文化见证的工艺或技术"。该定义为传统文化提供合法性支持，希腊人民的集体创造力也由此正式被纳入文化品的范畴，获得官方授予的历史、文化或科学价值的认定，这实际上就是对非遗的保护。

不仅如此，希腊充分利用本国的政治制度和决策流程的优势，从专业的角度对非遗进行登记造册。在总统令签署之后，非遗保护工作由专门的机构来负责后续流程，确保每一个细节落到实处。而希腊对非物质文化品的保护则有相应的法律程序，这在《文物与文化遗产保护法》第一章第5条有明确规定："文化部负责以书面、声音或图像等形式对具有特殊重要性的非物质文化品（传统、民俗和习得文化）进行登记和记录。根据文化部部长的建议，总统发布总统令，规定登记和记录非物质文化物品的方式，确定负责实施上述行动的部门或机构，并规范每个必要的细节。"希腊非物质文化品的登记和保护不只是符合法律规定即可施行，它需要总统、文化部等各方同意，并与多部门共同协调、管理。

至于保护文化遗产的架构单位、各部门的责任与义务以及专家委员会、员工、隐私保护等细节都在《保护文化产品的措施》中被明确。值得注意的是，希腊还设立了一个关于文化遗产保护问题的政治协调的部际委员会，其中文化部部长担任主席，文化部秘书长担任副主席，内政部长由公共秩序秘书长代理，司法部部长由司法部秘书长代理，委员会由其主席召集，并在文化部召开会议，文化部也提供必要的秘书支持。该部际委员会由多个部门的成员构成，避免了文化遗产是"一家之言"的情况，具有一定的科学性。

除了专项的非遗保护条例，希腊还将"尊重人格原则""表达自由原则""环境保护原则"写入宪法，对非遗保护进行指导。

2. 重视非遗教育和传承

希腊重视对公民审美意识和文化遗产保护意识的培养，试图用优秀的传统文化熏陶公民，并利用博物馆等沉浸式场所进行公民教育。另外，希腊将非遗保护的观念植入青少年的教育中，鼓励社会各界积极响应教育部的要求。

教育是国之大计，也是希腊进行非遗保护的重要手段。《文物与文化遗产保护法》第一章第3条围绕非遗保护的专项条款，对非遗的研究、普查、登记、保护、传播做出规定，并强调对公民审美意识的培养。"国家文化遗产的保护主要指其要素的研究和登记文件；保护和防止其破坏、改变以及对其的任何直接或间接损害；防止非法挖掘、盗窃和非法出口；在必要时维护和恢复；促进公众获取和接触文化遗产；促进文化遗产融入当代社会生活、教育，以及公民对文化遗产的审美培训和意识。"该条例不仅重视对文化遗产原始形态的保护，也重视文化遗产与社会文化氛围的结合，并将文化遗产融进教育中，以此来培养公民的审美，增强大众的民族认同感和自豪感。

非遗的传承传播离不开媒介，而博物馆的功能和属性使其成为非遗保护的天然助力。希腊围绕博物馆建设的专项条款是《文物与文化遗产保护法》第五章第45条，该条款从博物馆的服务、职能、收藏内容、财政支助等方面做出规定，并明确指出："具有或没有法人人格的非营利性服务或组织，主要向公众收藏考古、艺术、民族学或其他物证，以供学习、教育和享受。"希腊有效利用博物馆这一媒介，充分发挥其教育和熏陶作用，提升非遗保护的声量。

推动非遗的传承和教育的手段在《保护文化产品的措施》中也有体现。第15条规定"新的司与展览博物馆和教育方案司提供的数据进行合作和更新"，将博物馆和教育紧密结合在一起，实时更新博物馆的计划和数据以迎合教育的最新要求；第15条规定第2条款把重视儿童的文化遗产教育写进法条，"在特殊地点，如博物馆、考古遗址和学校场所开展活动，以加强博物馆的作用，并在博物馆里提供公共遗产和遗产信息"。希腊极其重视将文化遗产与教育结合，以最大限度地发挥教育的功能，达到"润物细无声"的目的。

3. 通过财政杠杆减免赋税

希腊在税收和财政拨款方面有着明确的法律规定，一方面按照规定向遗产项目拨款，另一方面采取各种措施减少遗产所有人的税收，正所谓"兵马未动，粮草先行"。《文物与文化遗产保护法》第46条规定"生产、复制和使用文化遗产用于其他目的，如艺术、教育或科学，可能被政府允许支付考古收入和征用基金"；第48条规定"向业主或拥有人给予补贴或其他财政补贴所需的程序、项目和条件，应由经济和财政、环境、城镇规划和公共工程和文化部部长提议的总统令确定"，"建筑物恶化或损坏，即使后者是由于不可抗力，也需要进行保护、修复或重建。保护个别建筑、静态或其他具有历史和文物意义的元素，应给予奖励和补贴"，希腊将财政支持写进法令，拨出充足的文化遗产保护经费，并安排预算专款专用，致力于文化遗产保护工作。

希腊虽然没有明确指出对非遗进行财政激励或者减少税收，但在第七章（第47条至第48条）的税收部分替代第2557/1997号法律第2条第4段的规定："对美术作品或其他艺术作品征收继承税、遗产税或者赠与税的，可以由责任人通过可移动的纪念物、美术作品或其他同等价值的艺术作品转让给国家以实物缴纳"，这种以"物"充"税"的形式实际上灵活地减轻了纳税人的负担。

### 三、希腊非遗保护的启示

通过梳理分析可以发现，希腊完整的非遗法律保护体系是由多部法律、政策以及总统令共同构成的，不是由单一的某一部专门针对非遗的法律来支撑。其中，法律有绝对的权威性，由此奠定的总体基调不可撼动。而总统令的签署相对于法律颁布更方便快捷，能迅速地对非遗保护中所暴露的具体问题做出响应，也因此更具灵活性。

希腊具体问题具体分析，利用其特色的行政管理体系和财政政策来更好地协调非遗保护工作，并鼓励普罗大众积极参与其中，营造出了良好的社会文化氛围，但仍有其薄弱之处，最主要体现在内容分配上更注重对物质文化遗产的保护。在文化遗产保护的集大成法律《文物与文化遗产保护法》里，无论是考古研究，还是财政拨款，或是刑法规定，物质文化遗产板块都有详细的条例。相比较而言，非遗保护的法律内容就显得稀少，且多为宣示性、原则性的规定，不仅没有具体的法令对非遗的考察、保护及推广等内容进行明文规定，也没有明确的条例对非遗的传承和发展的资金问题进行阐释，权责归属界定不明晰。非遗保护的刑法规定不够详细，处罚手段、方法等方面略显薄弱，惩罚力度不大。

希腊和中国同是世界著名的文明古国，我国相对来说拥有更为丰富的非遗项目，这需要更为规范更为详细的非遗法律保护制度来作为支撑，同时需配有相应的非遗保护措施。通过以上对希腊非遗保护相关法律及其政策的解读，分析希腊非遗保护的独特和创新之处或可获取到新思路，能为我国的非遗保护增添一份助力，为共建"一带一路"国家构建的文化遗产保护体系添砖加瓦。◈

参考文献：

[1] The Constitution of Greece [EB/OL].https://www.wipo.int/wipolex/zh/text/493730.

[2] Law 2121/1993, Copyright, Related Rights and Cultural Matters.

[3] Law 2557/1997, On Institutional Measures and Actions of Cultural Development.

[4] Law 3028/2002, On The Protection Of Antiquities And Cultural Heritage In General.

[5] Law 3658/2008, On Measures For the Protection Cultural Goods.

[6] 联合国教科文组织保护和促进文化表现形式多样性公约[EB/OL]. https://unesdoc.unesco.org/ark:/48223/pf0000246264_chi.

# 尚武江南：苏州"江南船拳"调研报告

徐鹏飞

**摘 要：**江南船拳的产生和发展与苏州的自然、人文环境有着密切联系。在长期发展过程中，其功能也发生了转变，由抗倭击匪的保卫功能逐渐转向庙会娱神的祭祀功能。江南船拳套路招式丰富，地方特色鲜明，其传承模式具有集体性特征，在当下主要以校园和协会传承为主。将江南船拳再次融入民俗场域中，提高校园传承的可延续性，搭建水上训练基地等措施有利于船拳在新时代更好地传承与发展。

**关键词：**苏州；江南船拳；传统武术；非遗保护

江南船拳是一种在船体上进行搏击的拳术。2011 年起，江南船拳先后被列入苏州市和江苏省非遗代表性项目名录。2023 年 6 月 28 日至 7 月 1 日，复旦大学非遗团队（调研团队由徐鹏飞带队，组员分别为该校历史系本科生侯尤雯、新闻学院本科生王力桐和哲学学院本科生张悦）前往苏州市沙家浜镇和越溪街道调研江南船拳的存续现状，走访沙家浜船拳馆、江南皮划艇俱乐部、唐市古镇周神殿、越溪街道、上方山等地，对江苏省级非遗代表性传承人吴文祖、苏州市级非遗代表性传承人平国民、江南船拳爱好者赵建龙进行深入访谈，主要调研江南船拳的兴起缘由、基本构成、传承现状，并对此予以思考与展望。

## 一、兴起缘由

江南船拳主要流传于苏南、浙北、上海等地区，具有鲜明的地域特征，是中国古代武术运动中独特的拳种。其产生和发展与当地的自然、经济、社会、文化等方面有着密切联系，反映着江南水乡人民的生活印迹。

### 1. 地理环境

船拳作为一项以舟为媒介的传统体育项目，与江南地区的水文环境有着直接关联。苏州位于太湖之滨，地势低下，城内小浜支渠众多，城外湖荡勾连，形成一张水网。有水必有舟，古时苏州人生产、生活、出行皆依赖水路，舟船是主要交通工具，他们自幼便习得弄舟击水的本领。用舟必先造舟，苏州造船业也相当发达，明代江苏官营船厂也在此建造了大量不同用途的船只，例如龙船、粮船、战船、渡船等。[1]苏州人与舟船有着密不可分的关联，纵横的水网和发达的造船业是江南船拳产生的物质基础。

### 2. 起源年代

目前，关于江南船拳起源年代的说法不一，民间认为其起源于春秋乃至春秋之前，学界则认为起源于两宋之前，成熟于南宋。现有史料中鲜有关于江南船拳的记载，已有记录时间也较晚。因此，江南船拳起源的确切年代仍然无法断定。有论者认为北宋灭亡之后，大量北人南迁，将北方拳种带至南方，船拳在融合北拳的基础上，逐渐形成自身的套路和特色。[2]所见史料中首次提到"打船拳"的是清末《串月可笑》图，画中清晰地绘制乡人在船头打拳的场面，一对空手拳，一对器械拳。图中有文字"又有乡人弄刀弄棍，群击锣鼓助之，谓之打拳船"。[3]不难发现，江南船拳在清末已经兴盛。

### 3. 抗倭击匪

明代苏州繁荣富庶，加上濒湖近海，多次受到倭寇袭扰。当地军民奋起抵抗倭寇，苏州北桥开口船拳流传的《抗倭刀开口拳谱》中也有相关印记，例如："上三刀劈煞倭寇，下三刀摺倒匪首，若问此刀何人传，抗倭名将戚继光。"[4]吴文祖在访谈中多次提到招军，是拳师在庙会中吹奏的长管军号，这也再次佐证了江南船拳与军队有着密切联系。

**作者简介：**徐鹏飞，复旦大学中国语言文学系博士研究生。

苏州不仅有倭寇入侵，也常受到湖匪袭扰。因此，当地分别在木林和石湖设立卡口，驻扎军队，称为汛，以此来阻止湖匪进入内地。苏州流传着乡民抗击湖匪的故事，"1936年初秋，木林村一位乡民发现东太湖水面停泊着五艘大木船，疑似湖匪船只，便向驻扎在镇上的水警报告，乡民佯装去太湖罱泥，船上藏有钉耙等农具，七八个水警藏在船舱里，村内大小两百余条船集体出动，分别向湖匪进攻，最终击毙湖匪一人，击伤两人，缴获木船一艘，湖匪不敢再进犯木林村"[5]。平国民也提道："村里老一辈人通过航船来运输鱼米货物。以前湖荡中有湖匪，为防止他们抢劫，在运输重要物资时，主家聘请当地武艺高强的拳师护镖，拳师都会打船拳，航船之人平时也练习船拳防身。"（访谈对象：平国民；时间：2023年6月29日；地点：沙家浜江南皮划艇俱乐部。）不难发现，江南船拳成为苏州当地百姓对抗湖匪的重要防身手段。

**4. 庙会信俗**

苏州人信奉上方山太姆，每年农历八月十八是太姆生辰，信众都会选择在这几日进香祈福，船拳表演是上方山庙会中必不可少的项目。吴文祖提道："越溪信众的进香船队在行春桥、越城桥、吞越桥三座桥之间巡游，首船摆放祭品，后船敲锣打鼓、表演船拳，同时拳师展现飞叉过桥、飞瓮过桥、爬桅杆等绝技。"（访谈对象：吴文祖；时间：2023年6月30日；地点：越溪街道办事处。）上方山庙会一直持续到1950年，后逐渐式微，江南船拳也随之淡出人们的视野。由此可见，江南船拳的表演带有神圣意味，附着在民间信俗之中，在庙会中有着重要的娱神功能。

除上方山庙会，唐市周神庙会中也有船拳表演。周神即孝子周神，是常熟地方神灵，其祖庙位于唐市周神庙，每年庙会都有大批信众来此进香，届时游船挤满市河。周神庙会一般在春季举行，信众将神像放于龙船上，该船被称为老爷船，拳师在船头表演船拳，后面船上有江南丝竹锣鼓乐队。

**二、基本构成**

苏州江南船拳主要分布在吴中区越溪街道、相城区北桥街道和常熟市沙家浜镇。越溪船拳主要流传于石湖周边的村落中，以闭口拳为主，拳师表演时配有锣鼓和军号合奏。北桥船拳主要流传于漕湖周边的思嘉桥、西洪、楼巷、北陆等地，以开口拳为主。沙家浜船拳主要流传于阳澄湖周边的唐市镇等地，既有开口拳也有闭口拳，同时也擅长使用各种器械。

**（一）江南船拳的复兴**

20世纪80年代电视剧《大侠霍元甲》一经播出，风靡全国，在大陆掀起一股习武之风。苏州自古便有练武传统，自然也不例外。赵建龙说道："早年间，只有富裕家庭才会聘请拳师到家教拳，村中其他小孩也会跟着一起学，所以老一辈都会打船拳，我们小时候也跟着老人学一些。《大侠霍元甲》播出以后，我们年轻人都觉得会武术很厉害，就开始真正跟着老人学习船拳。"（访谈对象：赵建龙；时间：2023年6月29日；地点：沙家浜江南皮划艇俱乐部。）可见《大侠霍元甲》的热播，在当地年轻人之中兴起一股练武热潮，消弭已久的船拳在很大程度上得到恢复。

**（二）江南船拳的构成**

江南船拳由拳法和练功器械组成，拳法又分为外来拳和母拳，进而衍生出空手套路和器械套路等多种招式。江南船拳的练功器械种类颇多，不仅有较为常见的石锁、石担，还有比较独特的马鞍、石鸟、石猫等。这些器械主要用于锻炼拳师的臂力、腿力、腰力等，是练习船拳的前提和基础。母拳是苏州拳师自创的本土拳种，其中最为经典的是四方拳。该拳多用于表演开场之前，由于船拳演练空间局限于船头，活动范围较小，加上船体浮于水面，稳定性差，拳师稍微一动，船便左右摇晃。因此，该拳的架势较为低矮，招式幅度较小，面朝四方均有动作，故得名于此。外来拳主要指从外地流传至苏州的拳种，南北拳均有，例如岳家拳、咏春拳等。

长期以来，苏州本地拳师以母拳为基础，吸收外来拳的精髓，逐渐创造出一系列富有地方特色的套路招式，可分为空手套路和器械套路。空手套路主要是指拳师不借助任何器械徒手进行的武术套路，主要有筱红拳、燕青拳、岳家手、乌龟拳等。

除空手套路之外，江南船拳最具特色的是器械套路，即拳师借助器械的拳法套路。拳师所用的器械不仅局限于刀、枪、棍，随处可见的生产生活工具都能成为船拳器械，例如木拐、扁担、板凳、船桨、木梭、牛角镗等。其中船桨是苏州人使用最多的工具之一，也是拳师主要使用的器械。船桨上端是圆杆，便于手握，下端是长木板，具有一定的攻击性，套路中有着许多划桨动作，极具水乡特色。

长板凳在苏州常见，故而也成为拳师经常使用的器械。板凳拳比较灵活，没有特别严格的招式，拳师手随心动，凳随手出，攻守自如。板凳拳动作较为简单，以举凳、劈凳、竖凳、坐凳等较为普通的动作为主，极具生活气息。

除此之外，拳师还使用一些奇门器械，例如木梭，其造型脱胎于古人纺织所用的梭子，主体为木质，刃和尖部位裹有金属。木梭套路包含推、挡、削、砍、刺等动作，拳师无论攻防一只脚总在船头中心，面向四面八方均有动作，这也是船拳的典型特征。另一个器械是牛角镗，用两只当地的水牛角制作而成，拼接上木柄，形似弯月，重量可达三十多斤，属于重兵器。其主要动作有拦、绞、压、架、顶、扫、挑、撩八种，步法以弓步、虚步、桥步和马步为主，攻守方向也是四面八方。

江南船拳的构成详见表1所示：

**表1 苏州江南船拳的构成**

| 拳法 | | 练功器械 |
|---|---|---|
| 空手套路 | 器械套路 | |
| 筱红拳、燕青拳、岳家手、武松独臂拳、乌龟拳、五虎拳、罗汉拳、杨家八虎拳、猴拳等 | 大刀开四门、龙凤船刀、船桨拳、板凳拳、木梭拳、扁担拳、鱼叉拳、双拐拳、牛角镗等 | 石锁、石担、马鞍、石鸟、石猫等 |

### （三）江南船拳的技术特征

江南船拳兼具南北拳种所长，辅以江南水乡特色加以改造，以船头为擂台，招式多变，动作顺畅，拳架低矮小巧，节奏快速紧凑，化长拳为短打，自成一脉，既有水上的独特技巧，又有岸上武术的精髓，形成了似南拳而非南拳的风格特征。

#### 1. 拳打卧牛之地

江南船拳通常在两米见方的船头进行演练，拳师活动空间受限。因此，江南船拳基本没有助跑动作，较少有跳跃、蹦蹿等幅度较大的招式。拳师基本以上身为轴，原地旋转，素有"拳打卧牛之地"的说法。古人于船上交战时，四面八方均有可能受到攻击，需向四方出拳。后来江南船拳在庙会娱神活动中表演时，一方面需要向神灵展示多个角度的拳法，另一方面也要兼顾岸上游人的观感，故而拳打四方，称之为四方拳，这也是船拳相比于其他拳法最具特色之处。

#### 2. 下盘稳如石墩

船只在水面上平衡性较差，拳师过多的腿部动作易使船体失衡，他们慎用腿法，更多通过手法进行攻防。为保证自身的稳定性，拳师多采用能使重心下移的步法，如马步转弓步、弓步转马步等。由于船只随水面晃动，容易造成重心不稳，这对拳师的腿力功法要求很高，需要下盘稳健如石墩，船摇而身不移，同时还能打出拳法。因此，江南船拳的整体拳架较为低矮，便于拳师通过下蹲来保持平衡。

#### 3. 个性差异

受地域文化差异的影响，苏州不同地区的船拳也形成了个性十足的技术特征和文化内涵。

越溪船拳的节庆娱乐性明显。该拳主要出现在一年一度的上方山庙会之中，以娱神为主，兼具娱人。同时，这也是全村的公共性事件。据吴文祖介绍："在庙会开始前一个月，村中青年便开始练拳。庙会当天，拳师在船头表演时，声势浩大，水面、桥头和河岸两侧站满观众，船舱内敲锣打鼓，年轻人以能够表演船拳为荣。"（访谈对象：吴文祖；时间：2023年6月30日；地点：越溪街道办事处。）可见，江南船拳在当时庙会中比较夺目，也表明越溪船拳具有明显的娱乐功能。

北桥船拳的特色是开口打拳。拳师一边打出招式一边唱出相匹配的歌诀，歌诀大多是英雄好汉故事，曲调为江南民乐。北桥之所以能够产生开口拳，与当地浓厚的戏曲氛围有着较大联系。北桥地处有着深厚的戏曲演唱传统，这促使拳师将歌诀融入船拳之中，形成开口船拳。

沙家浜船拳的特点是"武医一体"，强调拳师在练拳同时掌握伤病医理。因此，许多武术家擅长治疗外伤，尤其是骨折或软组织拉伤。

沙家浜船拳很好地继承和发扬这一传统，传承人曹金宝是一位远近闻名的骨伤专家。平国民回忆道："曹师傅从小一边练习船拳一边学习医术，后来用点穴和推拿为当地百姓治病，很有名气，他还根据自己的从医经验编写医书。"（访谈对象：平国民；时间：2023年6月29日；地点：沙家浜唐市古镇。）

### 三、传承现状

随着社会经济的发展，民众的生产生活方式也随之改变，导致船拳陷入传承危机。近年来，我国非遗保护工作广泛开展，社会各界日益重视民间传统文化，为江南船拳的传承发展提供新的契机。

#### 1. 传承谱系

武学向来讲究门派传承，江南船拳也是如此。但船拳也有其特殊性，与其他武术门类相比，缺乏清晰的传承谱系。从调研结果和张宗豪收集的资料来看，[6]苏州不同地区的船拳派系有着不同的传承脉络，具体如表2所示：

**表2　苏州江南船拳传承谱系**

| 代际 | 越溪 | 北桥 | 沙家浜 |
|---|---|---|---|
| 第一代 | 沈桂芳，清末越溪珠村人 | 尤培兴，中清北桥楼巷村人 | 彭家段、平土根、王祖生 |
| 第二代 | 吴昌富，民国越溪徐舍村人 | 楼进发，晚清北桥楼巷村人 | 沈阿水 |
| 第三代 | 王家林，越溪星渠村人<br>吴根宝，越溪徐舍村人<br>蔡德坤，越溪张宅村人<br>吴缘宝，越溪徐舍村人<br>钱银土，越溪明溪村人 | 楼小林，民国北桥楼巷村人 | 曹金宝、王祖贤 |
| 第四代 | 吴文祖，原越溪实验小学校长 | 楼明生，北桥楼巷村人 | 袁卫东 |
| 第五代 | | | 罗永寿 |
| 第六代 | | | 平国民 |

#### 2. 传承现状

江南船拳自20世纪80年代之后开始逐渐恢复，21世纪初进入大众视野，为进一步保护和传承江南船拳，越溪、北桥和沙家浜三地均做了大量工作，效果较佳。

2008年3月，吴根宝、吴文祖等人在越溪实验小学成立江南船拳研究小组，将船拳引入小学校园之中，并选取班级开始试点。2010年，越溪实验小学开始在全校推广船拳，2011年，越溪船拳被列入苏州市非遗名录。2013年11月，越溪船拳被评为中国体育非物质文化遗产保护与推广项目。2016年1月，江南船拳被列入江苏省非遗名录。2019年6月，越溪街道与苏州职业大学签订校地合作协议，共同打造"江南船拳"品牌。

2010年，北桥街道对开口船拳重新挖掘整理，并在新北村建立练拳场所，组建"开口船拳队"。2011年，北桥中心小学引进船拳，聘请拳师进入校园教学，受到学生和家长关注。2012年6月，苏州市体育局对北桥"开口船拳"进行系统整理和影像保存，完整记录船拳表演，收集26套开口船拳套路和歌诀，并出版资料图集。

沙家浜镇则在景区内建立一座船拳馆，展陈复建船只及曹金宝医药书籍等珍贵资料。同时，景区还专门开辟一个船拳训练基地，供拳师在此练习、教学。沙家浜还培养出一批较为年轻的传承人，如平国民、赵建龙等。平国民创立江南皮划艇俱乐部，成功吸引大批船拳爱好者。沙家浜镇也将船拳引入到唐市中心小学，并邀请传承人不定期地进校教学。

#### 3. 传承特色

在调研过程中，当笔者问及传承人的传承谱系时，他们基本都会提及年轻时向老一辈拳师练习器械、学习船拳，而不会直接论及自己师承何人何派。平国民认为江南船拳并不适合师徒传承，与北方拜师学艺有着明显区别，船拳爱好者都是聚在一起练习，亦师亦友的关系，以前也是如此。因此，沙家浜船拳主要通过武术协会进行传承。由此可见，江南船拳在苏州的传承模式并非单一的师徒传承，而是以群体传承为主，乡民自幼在习武环境中习得船拳。当下传承模式逐渐多元化，由以地缘为主的村落传承向业缘、趣缘为主的校园传承、协会传承等。

### 四、思考与展望

自 20 世纪 50 年代后该拳种逐渐式微乃至消失，其主要原因是船拳所在民俗场域的消失。随着庙会被取缔，船拳淡出民众日常生活，传承群体逐渐缩小。进入 21 世纪后，民间传统文化进一步得到重视，江南船拳被列入非遗代表性项目名录，其传承模式也转向多元化，校园、协会等成为重要的传承平台，由于处于起步阶段，也存在一些问题。对此，笔者对于苏州江南船拳的传承和发展提出如下几点展望。

#### 1. 将江南船拳再次融入民俗场域

江南船拳兴盛于当地庙会之中。苏州各地的庙会在 20 世纪 80 年代后得到较大恢复，在当下仍然兴盛，例如上方山庙会、周神庙会等。但是，江南船拳自式微之后，再也没有回归庙会。将江南船拳再次融入当地庙会之中，才能从根本上恢复它的生存活力。首先，官方可出资或者鼓励村落自行出资搭建船只，以供拳师使用，同时可在保证安全性的前提下，规划水上进香路线。其次，传承人积极配合官方管理，组织部分香客从水路进香，并进行船拳表演。同时，除庙会，也可将船拳融入节庆活动之中，比如端午、中秋、重阳等，以此来拓宽江南船拳可生存的民俗场域。

#### 2. 提高校园传承的可持续性

目前，江南船拳进校园工作已经取得较大成果，先后进入越溪实验小学、北桥中心小学、唐市中心小学、苏州职业大学和苏州大学等不同层级的学校。不难发现，江南船拳进入学校的层级并非连续，在小学和大学之间出现断裂，未能进入初高中校园，这使得校园传承出现很大断层。学生在小学阶段初步掌握船拳技能后，经历初高中六年搁置，必然会逐渐淡忘船拳，更不会自觉传承船拳。因此，提高校园传承的可持续性有其必要性，教育部门应当积极推动江南船拳进入初高中，在体育课和大课间教习船拳，以保证校园传承的连续性。

#### 3. 搭建水上训练基地

江南船拳相比于其他拳种而言，其最主要的特征是在船头进行，有船则需要水面。目前，大部分船拳的教学和练习都在陆地，他们长期在陆地练习，无法掌握船拳在水面控制平衡的精髓。目前，平国民创立的江南皮划艇俱乐部是水上训练基地的典范，他不定期组织江南船拳协会会员进行水上训练，不仅在船头操练拳术，而且通过竞渡皮划艇来锻炼水性。因此，可将江南船拳的教学基地由室内转向水面，搭建若干船拳水上训练基地。

江南船拳被列入非遗代表性项目名录之后，重新进入大众视野，并在校园和协会传承。社会各界应当以此为契机，采取多种方式立体保护和发展船拳，使其成为尚武江南的文化名片。❖

参考文献：

[1] 陈荷.吴越文化[M].沈阳：辽宁教育出版社，1991：58.

[2] 张宗豪.江南船拳文化研究[D].苏州大学博士学位论文，2014.

[3] 张奇明.点石斋画报（大可堂版）第十册[M].上海：上海画报出版社，2001：248.

[4] 罗时铭，秦琦峰.江南船拳的形成与历史演变——兼论"船拳"的苏州发源问题[J].苏州大学学报，2017（3）：167—173，192.

[5] 吴文祖.尚武江南的"船"说[M].上海：文汇出版社，2020：136—137.

[6] 张宗豪.江南船拳文化研究[M].上海：复旦大学出版社，2015：96—97.

**编者的话：**本文作者王淼同志是原浙江省文化和旅游厅二级巡视员，也是本刊专家指导委员会委员。2024 年 3 月底，我们和重病住院的王淼同志就本文修改一事做过多次沟通，深为他与疾病斗争的顽强精神、极其严谨的工作作风感动和震撼。4 月 22 日，正当本文在编辑加工之时，传来了王淼同志不治去世的消息，中国非遗界失去了一位勇立潮头，砥砺前行的战士、学者、引领人，我们失去了一位常年来支持、关心本刊发展的挚友和导师。非遗老王，我们永远怀念你！

# 伟大的灵魂和高贵的心

## ——深切缅怀敬爱的战友、挚友王峻副秘书长

王 淼

2024 年 3 月 25 日晚上，助手问我，今天的公众号推文为什么撤掉？我说不知道，谁说的？他说袁老师。我问我家属袁老师，袁老师说，等你起床后再跟你说。

他们帮我起床，洗漱以后，我问袁老师是怎么回事，她打开电脑，点开浙江文旅公众号，看到王峻副厅长遗像，我傻了！袁老师说，王峻副厅长去世了。我的心揪得很痛：怎么会呢？袁老师和我都哭了，我们非常难过！王峻在我们心目中是一位品格优异、才识出众的好领导、好战友，也是我真挚的朋友。袁老师说，感觉比亲人去世还要悲伤，我不敢提前跟你说，否则，你没力气起床了。

我和王峻在之前工作中并没有交集。他于 2020 年调任浙江省文化和旅游厅党组成员、副厅长。那时因为疫情，四肢瘫痪的我被"冻"在医院里、"锁"在家里，没有办法到机关上班，只能在助手帮助下，居家工作，敲边鼓。

## 一、第一次见面

2021 年 6 月初，我住在余杭五常女儿家。一天，李虹打电话和我说，王峻副厅长要来看我。他一直想来看我，但听说我一直住在医院，疫情期间探访受限。他说，刚接到通知，省委决定他到四川任职，担任浙川协作组组长。所以今天特意来看看我，否则将带着遗憾离开。他明天回宁波家里，后天出发去四川，日程很紧凑。他在这么紧张工作状态还来特意看望我，这个老朽，我感到温暖，非常感动！

我和王峻很投缘，交流了一个多小时，他给我带来了一本《松阳传家——松阳乡土文化考察》，有杂志这么大，厚厚的。这本《松阳传家》，实际上就是松阳民间文化瑰宝的集萃，"传家"的意思就是让优秀传统文化薪火相传。这本书由时任松阳县委书记的王峻作序，序中包含了文人气息、文化忧患意识、文化自觉和文化自信。我也从中惊喜地发现，松阳已经将二十四节气在松阳的民俗事象，一个一个深入发掘，生动地记录下来。

当时，中国二十四节气作为知识体系，已列入联合国教科文组织公布的"人类非物质文化遗产名录"。但遗憾的是，只有七个半节俗

---

**作者简介：**王淼，原浙江省文化和旅游厅二级巡视员。

列入保护传承社区，其中浙江三个半（衢州柯城九华立春祭，遂昌班春劝农，拱墅半山立夏节，三门祭冬，其中半山立夏节，是省级非遗项目，算半个）。我一直在呼吁，二十四节气不是分布在全国各地的，而是黄河以南、长江以南任何一个地方都有二十四节气。无非是这些司空见惯，已成为中国人生活日常和民俗生活的节气、节俗，濒危了，被遗忘了。所以，这本《松阳传家》非常有价值！这部沉甸甸的乡土文化考察报告，为乡土中国文化传承打开了窗口，二十四节气节俗在松阳历来鲜活，有生命、有温度、有质感。我把自己提出的将衢州柯城全域打造成中国二十四节气节俗最佳体验地的设想，给王峻厅长做了扼要介绍。我与王峻厅长相见恨晚，如果早些年了解到松阳发掘出这么多二十四节气节俗，我一定会帮助策划设计，做好宣传推广工作。

王峻厅长曾经在缙云担任县委副书记，李虹也是缙云人。聊起缙云，我向他介绍，我建议缙云从"黄帝文化"转换到"黄帝时代"。黄帝在缙云仙都鼎湖峰炼丹，得道升天。这些圣贤豪杰的故事时至今日仍让人们备感亲切。我建议，利用缙云的自然禀赋、文化传统、民俗事象，将缙云全域打造成为中华人文始祖最佳朝圣地，让黄帝时代的圣贤豪杰，在缙云落地生根。

王峻担任松阳县委书记时，在整县推行"拯救老屋运动"，以文化引领乡村振兴，激活了传统村落，吸引了大批长期在外打工的村民回家开发乡村旅游、搞非遗项目，搞特色种植养殖等。拯救老屋行动这一成功模式，被写入浙江省政府工作报告，2023年被写入中央一号文件。王峻说，传统村落和老屋，这是松阳最有特色和魅力的，也是松阳未来发展的核心竞争力。

省文化和旅游厅党组副书记、副厅长陈瑶兼管非遗时，在松阳召开"实施乡村振兴战略中浙江省非遗保护现场会"，中央提出"乡村振兴"，我们如何响应？对于松阳会议，我是身不能至，但心向往之！为此，我从省域角度写了一篇《擘画乡村振兴战略，续写非遗保护奋进之笔》；同时，从微观角度，把落脚点落到一个村，写了一篇推文《实施乡村振兴战略，非遗怎么干？》提出步步深入的"八招"。这篇推文影响力很大，被"人民号"等10多家网站转载。

## 二、透过"浙川号声"，看忠诚履职担使命

王峻到四川任职以后，我们一直常有信息交流。我也惦记着四川，关注着"浙川号声"公众号，两相比读着浙江、四川的重大决策部署和任务落点，了解王峻和浙川协作组工作动态，很有受益和启迪。

王峻副秘书长在驻川工作组全体挂职干部培训会上的动员讲话，我认真学习，"援川为什么？在川干什么？离川留什么？"他的叩问和解读，体现了唯实唯先、善作善成的优秀品质和作风。

"浙川号声"是浙江驻川工作组的窗口。工作组有多少人？可能我们以为只是一个小分队，实际上是一个分布在四川各个市县的工作团，有党政干部150多人，还有上千名科技、农技、医疗、教育等专业技术人员在四川全省各地。这是一支庞大的工作团队。

浙江与四川"一对一"挂钩援助，浙川各地"点对点"贴心帮扶，萧山对康定市、旺苍县，长兴对汶川县，西湖区对青川县、九龙县……浙江优秀子弟在四川建功立业，他们倾注智慧、心血、汗水为巴蜀人民幸福美满生活做出了自己的努力和奉献。

当年大禹从四川出发，治九州，他生在四川，归宿在我们绍兴大禹陵。明朝时期四川人汤绍恩在绍兴任知府，治理三江口，为绍兴水城建设立下功劳，功德无量。今天，王峻率领浙江上千数百的子弟兵"志愿军"推动治蜀兴川更上新台阶！

我曾写过一篇推文《透过"浙川号声"，吾将上下而求索》，在"非遗老王"公众号推送宣传。王峻秘书长在浙川工作组朋友圈转发，他加了一段充满深情、激励人心的引言："学习王森同志对党忠诚、信念坚定、身残志坚、意志顽强，恪尽职守、无私奉献的精神，以一流的业绩打造东西部协作和对口支援金名片，不辜负人生韶华，不辜负组织给予的事业平台，不辜负这个伟大的时代！"

这段引言，又何尝不是王峻副秘书长忠诚履职担使命的政治品格和心声表达！

## 三、第二次见面

2022年6月，王峻回浙江办事，他特意赶

到余杭二院看望我。李虹和《都市快报》记者诸芸、重症监护室主任鲁海燕、护士长鲁雅儿一起陪同。

我跟王峻提到我看到的一篇文章，是《农民日报》浙江记者站站长蒋文龙写的一则对比性新闻。文章里写到了临海的柑橘与黄岩的柑橘，新昌的大佛龙井与嵊州越乡龙井，农副特产打品牌是找市长还是走市场等。这种对比性新闻有其独特的视角，很有意思。不怕不识货，就怕货比货。我觉得浙江和四川协作也可以优势互补，资源共享，互促互进，共同提高。

对于浙川协作，我一直在非遗、在文旅转圈子，一直想找个切入点，提点建议，但脑子不开窍，想不到金点子。蓦然回首，突然想到浙江工商大学李骏教授研究蒋文龙站长对比性新闻的论文，颇有启发，于是便想对浙川"特产走亲"提点建议。"浙川号声"报道过，4年前浙江省安吉县黄杜村捐赠给青川县的"白叶一号"，2023年开始大规模开采上市。南橘北枳，土壤资源不同，资源禀赋不同，这个白茶的口感和品质，是不是也会有变化？也许更好！央视《新闻联播》报道，青川"白叶一号"首次大规模开采，青川县茶农"饮水思源"，头一批白茶，作为感恩茶，赠给援建、帮扶青川县的"浙江亲人"。"白叶一号"的成功案例，使携手实现共同富裕更有信心。对农业农村问题，我是外行，按照公文套路，我起草了浙川特产结亲工程实施方案，是否可行，请王峻秘书长参阅、指正。王峻回复："非常感谢！您的建议对我们很有启发，我们考虑一下。"

王峻回浙江时间紧凑，要事多，却特地安排出充裕的时间来看望我，给了我莫大的鼓励。王峻感谢鲁主任、护士长等余杭二院医务人员对我的救治与呵护！帮助我撑过那些最艰难的日子！他的厚爱和鼓励，给我满满的能量，让我更加充满自信，砥砺前行！我们大家都被他的儒雅学识、才华、情谊所折服。

### 四、太多的牵挂与情怀

什么叫做情怀？杜甫身在草堂，"安得广厦千万间，大庇天下寒士俱欢颜"，是情怀；范仲淹"乐天下之乐，忧天下之忧"，是情怀；"为什么我的眼中充满着泪水？因为我对这土地爱得

深沉"，这也是情怀。

我们浙江2021年6月以来，155名挂职干部和1074名专业技术人才出征赴川，把巴蜀大地作为第二故乡，把四川人民当作挚爱亲人，带着只争朝夕的干劲和坚韧不拔的毅力，全身心投入到治蜀兴川发展浪潮中。这就是情怀！

我因为健康原因，也因为疫情，一直不在一线。只能在一旁建言献策，敲边鼓。我很用心，也时常自作多情，自加压力，自讨苦吃。凡觉得是当下的工作重点，或者时政热点、工作难点，我都发表推文，提出建议。某次，我写了一篇关于开化打造中国农耕文化生态保护区的建议，在全省局长群推送。开化的局长在群里说他们在建生态博物馆。我表示赞赏，但心里明白，生态区与有围墙的博物馆理念是不一样的。

王峻厅长在群里给老王点赞，他说，王厅长这篇推文，非常有参考价值，请开化的同志认真研读。我非常感谢王峻这么旗帜鲜明，直截了当，表扬抬举。难得有厅级领导在工作群里清楚表达态度。做人做事都要有态度，有温度，有高度，这是高贵品质。非常幸运有王峻这样一片丹心、开诚相见、肝胆相照的领导和挚友。

缙云文化广电和旅游局施德金局长以及此后继任的曹雄英局长，去四川遇到王峻，他都提醒他们，要去看看我这个老王同志。他说我对缙云有贡献，你们不要忘了他，要去看望他，继续向他请教。先后两任局长也都来看望我，我们继续就黄帝文化精神标识打造等进行探讨交流。

我的书《非遗工作怎么干》出版后，他认为我的建言献策，对四川工作同样有启发和指导作用，浙川工作组订了一百本，表示支持。他让"四川发布"给我做个专访，我觉得我没有为浙川协作建有寸功，等我以后能够有所贡献，再报道也不迟。

我是个重残病人，四肢瘫痪，身边人的帮助是多么重要！王峻看望我时，总是对我身边的同事、医院的医务人员表示感谢！他发微信，让我代向李虹和小徐同志问好，感谢他们，向他们致敬！后来，助手有变更，新助手上岗。王峻发微信说：下次回来看望您，希望新助手珍惜机会，抓紧学习，加快进步！

（下转第37页）

# 瑞安木活字谱师的角色转型探析

## 郭 平 迟 静

**摘　要**：谱师是中国传统工匠的杰出代表，他们不仅是印刷技艺的实践者，更是修谱仪式的构建者。瑞安木活字印刷技艺由印刷技术本身与其背后复杂的信仰习俗组合而成，其传衍贯穿在谱师知识体系的实践过程中，并通过宗谱这一物质载体，将中国谱牒文化与民间尊祖敬宗的习俗紧密联系在一起。考察谱师在历时性发展中的角色定位，有助于认识社会变迁背景下乡村工匠群体的角色转型，探讨传统技艺活态传承与可持续发展的实践路径。

**关键词**：木活字印刷技艺；谱师；非遗；角色转型

谱师即修谱师，一些地区称为"梓人"，明清时期在福建、安徽、浙江、江西等地十分活跃。可随着文化生态的剧烈变迁，谱师的生存状况变得不容乐观，除瑞安东源村的谱师仍以一定规模传承以外，其余仅在福建省宁化县翠江镇、淮土乡一带，安徽黄山祁门县的文堂村等地零星传承。瑞安木活字印刷技艺的活态传承在一定程度上弥补了历史上谱师主体性缺失的遗憾，验证了谱师群体在活字印刷术发展过程中的重要地位。2008年瑞安木活字印刷技艺被列入国家级非遗代表性项目名录后，谱师王超辉、林初寅被正式认定为国家级代表性传承人。2010年，以瑞安木活字印刷技艺为主体的"中国活字印刷术"成功列入联合国教科文组织"急需保护的非物质文化遗产名录"，隐藏在这一古老技艺背后的工匠群体变得为人熟知。近年来，在由政府、学者、媒介、传承人共同搭建的互惠与博弈的"非遗生产场域"，瑞安木活字印刷术已经建立起相对全面的传承保护体系，谱师群体拥有了主体性的自我追求，这貌似缓解了瑞安木活字印刷技艺"人亡艺绝"的危机。然而事实上，谱师从业者的规模并未得到突破性的恢复和扩展，大部分谱师的年龄集中在45—60岁，且多为木活字二代和三代。随着老一辈谱师的相继离去，独属于谱师个人的关键技艺和文化记忆也逐渐消失，技艺本身"急需保护"的传承现状并未改变。

以往的研究更多聚焦于谱师在历时性发展中所表现出来的积极行为状态，对社会转型后谱师所表现出来的主观能动性关注较少，尤其是对谱师的角色转型鲜有研究。基于此，本文从角色理论视角出发，厘清瑞安木活字谱师在传统乡土社会中所充当的重要角色，探讨谱师在社会变迁过程中出现的角色转换行为，以期推动瑞安木活字印刷术的活态传承与可持续性发展。

## 一、瑞安木活字谱师的角色定位

明确自身在文化传承中所承担的角色是分析谱师角色转换的重要前提。谱师在一定的文化空间下，通过满足社会或他人对角色的期望不断调整自身行为规范与行为模式，使得自身的身份、地位、能力与其所承担的角色定位一致。从目前来看，瑞安木活字谱师的角色定位具有两重性，他们既是印刷技艺的实践者，又是传统仪式的构建者。

### 1. 编撰谱牒：印刷技艺的实践者

谱牒是瑞安木活字印刷技艺的物质载体，拥有严谨的行文制式和排版规则，因而对印刷工匠的要求非常严格，对富有能力的工匠的依赖性也很强。清朝末期到民国，浙江南部如金华、丽水、温州、台州等地的宗族每隔10至20年就要编修宗谱，这使家谱的编修开始出现专业化、职业化的倾向，养活了一群以做谱为生的工匠，其中尤以东源村王氏家族的谱匠最

**作者简介**：郭平，天津大学冯骥才文学艺术研究院教授；迟静，天津大学冯骥才文学艺术研究院2022级非物质文化遗产学硕士研究生。

负盛名。他们辗转于温州的乐清、永嘉、文成、苍南、平阳等地，即使在社会动荡时期依然梓辑了《严氏宗谱》《魏氏宗谱》《颜氏宗谱》等多本珍贵宗谱。[1]然而在参与宗谱编撰的众多工匠中，只有极少数技艺精湛者可以熟练掌握刻字、开丁、拣字、排版、印刷、装订等全部技能，资历深厚的谱师甚至创办了远近闻名的"修谱堂号"，以"修谱地点＋谱局堂号"或"×××梓辑"在宗谱扉页进行署名。也正因为他们的名字被记录在宗谱上，才使得后世得以窥见谱师在过往历史中的蛛丝马迹。

谱师不仅对上述的显性化操作十分娴熟，还逐渐掌握了转化历法，撰写谱序，以及接续谱系等谱牒编著的知识。以宗谱纪年方式为例，现在的宗谱中多以"生于一九八八年共和戊辰十一月十八巳时"的干支纪年和公元纪年共存的形式记录族人的生卒时辰，谱师需要熟练掌握公元纪年与干支纪年的转换方法，以防外出开丁采访临时翻书遭同行耻笑。从背诵到熟练应用，是一个慢慢积累最终内化成本能的过程。老谱师林初寅感慨道："这60个干支组合已经像木活字一样刻在我心里了，想都不用想就能说出来。"总的来说，木活字印刷技艺是一种具身性的技术实践，在传续过程中形成一套固定又复杂的程序化知识。尽管有"师傅"领进门，学徒也要通过不断地观察、领悟、试错等方式，才能掌握技艺的核心。

### 2. 主持祭谱：传统仪式的构建者

中国南方以姓氏为宗的家族聚居现象相当普遍，温州当地至今仍然存留着浓厚的乡土观念，而乡土观念又是促进该区域内部信仰趋同与区域之间分异的重要因素之一。[2]以宗族为中心的仪式活动可以使族人的血缘联系更为牢固紧密，因而在宗谱印制完成后，当地宗族通常合全族之力举办圆谱仪式。通过实地调查发现，温州地区的圆谱仪式虽然有"十里不同俗"的特点，但仪式涉及的法事一般都按照道教和佛教的相关科仪规范进行，时间三到七天不等。道教法事主要以祈福道场等繁复的仪式告慰先祖、福佑子孙；佛教法事则聘请高僧做功德、诵经、游十殿，放焰口、呈供等，为早夭、屈死或意外亡故者超度。值得一提的是，温州乐清等地的圆谱典礼至今还保留观看"圆谱戏"的习俗，从早到晚连唱七天，尤为热闹，族人与乡里坊间共襄圆谱盛事，已发展成为当地独特的文化景观。

而圆谱仪式的核心环节——祭谱，则由谱师主持。作为宗族文化的见证者与地方习俗的参与者，谱师在祭谱仪式中亦承担着重要的文化功能，为木活字印刷技艺的发展提供生存的文化空间。他们承担着牵下红线、宣唱赞礼、点谱颂文、拜谱以祚等传统仪式，充分展现出工匠的社会性、职业性与宗教性的三重特性，并以此为中介呈现出一种"某种确定而虔诚的工匠文化"[3]。涂尔干（Émile Durkheim）认为这样的仪式是社会群体定期巩固自身的手段，当人们感到团结就会集合在一起，并逐渐认识到他们是道德统一体。[4]总之，祭谱仪式不仅是谱师展示才能和技艺的文化空间，更是宗族追求家庭延续和血脉认同的精神场域，体现着温州民众最核心、最稳定的观念——亦神亦祖的血缘崇拜，影响了传统手工艺活态传承的内在动因、地域特征与文化形态。

## 二、瑞安木活字谱师的角色转型

生活在一定社会环境中的传统工匠，其角色行为无法一直按照既定的模式和轨迹保持不变，其所处的文化系统中任何细微的变化都会对个体行为以及相应的群体行为造成影响，使行为产生的结果偏离原有的目标。近代以来，宏观政策的变革引起了社会经济制度、生产方式、技术水平等一系列因素的变化，导致瑞安谱师的角色认知不断发生偏差，逐渐趋向传统工匠的现代转型。本文重点从角色地位、角色意识、角色养成这三个维度来辨析当下瑞安谱师角色的转型特征。

### 1. 身份地位的转变：从修谱先生到传承人

中国传统工匠长期处于"重文教轻技艺"的语境中，谱师地位低下，历史上很难引起社会主流的关注。直到清朝传统工匠世袭制的打破，解除了地域之间的约束，传统技艺才变得更加开放融合。罗树宝在《中国古代印刷史》中也提到这一现象，他认为清朝南方谱匠虽较为专业，但一般只在农闲时挑着字担去外村或外县工作，并将其类比于十五世纪中叶欧洲早期的流动印工。[5]清末民初时，谱师数量达到鼎盛时期，多是贡生、邑庠生、廪生等不入仕的读书人，不仅学识渊博还对当地宗族文化较为了解，深受当地人尊敬。即使20世纪70年代入行的谱师学历并不高，宗族也倾向于把掌握木活字印刷技能的"手艺人"称为"修谱先生"，这也反映出谱师在其所嵌套的社会关系网络中特殊的乡贤身份。可在新中国成立后的很长一段时间里，家谱被视为封建之物，修谱行业遭受前所未有的打击，修谱活动几乎停滞，谱师身份地位也急转直下。

直到改革开放后，社会环境的宽舒促使民间修谱之风盛行。据《浙江家谱总目提要》统计，存世的1122种温州家谱中，新中国成立后纂修的木活字本家谱有488种之多，其中78%为改革开放后印刷。[6]面对前所未有的改革浪潮，谱师面临的处境也各不相同，并分化出两种个体发展的策略：一是相对年轻的谱师群体向外闯荡，放弃祖传的手艺，选择经商"下海"等生存道路，将自身融入市场经济下的新社会秩序中；二是技艺高超的老谱师选择继续坚守木活字印刷技术，激增的修谱业务使得谱师拥有发家致富的先决条件，经济地位得到大幅度提高，并成功转型为非遗传承人。谱师群体进而被划分成非遗圈层与普通工匠圈层，社会身份开始出现个体化、多元化的发展趋势，如民间工艺美术大师、非遗讲师、本土文化代言人等。身份地位的不对等容易使谱师产生焦虑、不满、抵触等一系列负面情绪，造成社会转型与个体适应之间的失衡状态，谱师之间因行业竞争等问题引发冲突的现象屡见不鲜。

2. 角色认同的转变：从文化本能到文化自觉

从修谱先生到传承人，不仅意味着谱师身份地位的转变，更反映了谱师角色认同的重大转变。皮特·伯格认为，个体身份的认同与社会过程是相互联系的，表现为对自我价值的追求，并逐渐迁移到社会角色认同的转变。发展到如今，认同不仅仅是简单的个人心理过程，更反映出个人与社会、个体与集体的关系，并非一成不变的过程。[7]作为瑞安木活字印刷技艺实践的工匠群体，谱师原本凭借着一种文化本能，在维持个人营生的同时，自发地进行木活字印刷技艺的传承。对于老一辈谱师来说，过去走南闯北的修谱生活占据了他们生命的大部分，"小时候假期一有空就去帮忙打杂""用晒笋干的东西垫字盘""坐船出去修谱"成为谱师的共同回忆。他们的日常生活早与修谱紧密联系

为一体，此时的认同更多来源于他们与外界社会所建立的紧密联系，并通过特定的"符号"唤醒谱师们的深层情感。

直到非物质文化遗产代表性传承人等评价体系的出现与介入，使谱师的"身份"从"既定的角色"转变为"社会责任"，并对其产生的后果负责。地方政府的支持、专家学者的认可以及媒体的关注为传承人搭建起更高的平台，改变了谱师原有的生存"场域"。个体出于谋生与发展的需要，积极地参与到"非遗进校园"、非遗培训班、非遗展演等文化实践活动中。以第四批省级代表性传承人王志仁为例，他不仅在东源木活字展示馆负责技艺的体验等活动，还在瑞安市马鞍山实验小学等学校开展常态化的传承教学工作，使他成为木活字印刷技艺保护与传承的核心力量，并于2024年2月成功入围第六批国家级代表性传承人推荐人选名单。谱师有意识地将各种类型的文化资本转变为社会身份的"优势积累"，传承人的社会身份在认同的基础上又进一步加强了这种身份带来的附加利益。[8]当然，因个人在社会中扮演的角色不同，对文化传承的发展也有着不同诠释与解读。谱师王法炉身为瑞安市东源活字印刷有限公司负责人，一直着手木活字电子字库的制作与推动，积极开发相关文创产品，希望为木活字印刷技艺的发展做出自己的贡献。

3. 角色培养的转变：从血缘传承到现代传承

传统工匠角色转换的一个重要标志就是角色培养的转变，从以血缘传承为主导的传统模式不断向多元化的现代传承模式探索。过去，瑞安谱师传统的人才培养与传承机制是在血缘和模拟血缘关系的基础上建立。身怀技能的家族长辈，通过言传身教，将家族赖以生存的技术在八百余年的代际传承中完美地保留下来。而年轻一辈，在耳濡目染中熟悉并掌握木活字印刷技艺，顺理成章地接过上一代的木活字工具和宗族业务。谱师王超希所在的"木活字世家"就是一个典型例子，作为创造"凤列盘冈体貌鲜"拣字口诀谱师王宝书的后代，传承至今家族内部足足有8担完整的木活字，祖传的名气令后代拥有着稳定的业务来源。木活字印刷技艺除了在王氏家族有序传承之外，也不吝惜于将技艺传给有志于学习的外姓人。长此以往，

瑞安构建出以杰出的谱师为中心，以血缘、亲缘、业缘、地缘为辐射的复杂关系网络，使木活字印刷技艺在瑞安各家庭之间实现横向传承。

随着木活字印刷技艺的遗产化，瑞安市非遗中心等职能部门围绕瑞安木活字印刷技艺的传承传播给予大力支持。非遗培训、院校教育、研学活动等新型传承方式不断兴起，培训对象逐渐面向全社会，一定程度上为谱师的培养提供基础的人才储备。然而由于木活字印刷技艺的技术门槛较高，短期的技艺实践很难培养出对印刷技艺的独有思维，其中的精神性传递更是大规模的现代培养所不能做到的。省级传承人吴奎兆对此感受颇深："现在社会上更多把木活字印刷作为一个爱好，真正静下心来学习修谱的人几乎没有。"由此可知，多元化的现代传承固然是对木活字印刷技艺的有效补充，但仍存在一定的局限性，无法完全替代传统的家族式和师徒式传承。角色培养的转变，使得工匠精神在现代化生产机制下遭受更为严重的挑战。

### 三、瑞安木活字谱师角色转型的实践路径

木活字印刷术近千年的流传史并不意味其在未来的必然存续，面对工业化对技术发展的深远影响，以及文化资本介入后谱师自我角色定位的巨大偏差。如何保持传统手工艺的生命力，突破制约当前发展的行业竞争失序、代际传承断裂、生态空间侵占等底层困境，亟需非遗多元保护主体共同探索谱师角色转型的实践路径。

#### 1. 通过匠艺创新提高角色适应能力

2017 年 3 月，国务院发布《中国传统工艺振兴计划》，其中着力强调弘扬精益求精的工匠精神，提高传统手工艺的传承和再创造能力。[9]在"非遗新经济"的大环境下，非遗的保护与传承是一场考验智慧与能力的"持久战"。我们不单单要重视关键传承人所掌握的技艺水平与历史记忆，还要鼓励谱师群体做出突破与创新，制造出凸显木活字印刷技艺价值底蕴的匠艺作品。以王钏巧为代表的谱师，发挥自主创造力，将木活字印刷技艺融入工艺创造与艺术生产，因地制宜地开发了定制木活字、家居装饰、生肖诗文、婚书等一系列文创产品。这满足了社会上一部分群众的消费需求，但上述的文化再生产更多只是停留在"功能性审美"的层次，无法满足多元化的

市场机制。正如人类学家方李莉所说，当前中国正迈入非遗保护的 3.0 层级，是一个传统与现代互为依存，遗产化与市场化互为铺垫的集体创新化时代。[10]谱师亦需要在坚守传统木活字印刷技艺的基础上，与当地艺术家、高校组织、流行 IP 开展多领域的深入合作，扩大营销范围，为当地木活字的"两创"发展注入新的力量。除此之外，在东源村投入资金打造生产性保护示范基地，带动当地民众共同参与木活字文创衍生品的加工，消费者亦可通过提出个人要求直接参与生产过程，真正把非遗融入日常生产中，增强社会对"木活字"的认同，走出一条具有中国特色的传统手工艺的现代化发展之路，最终实现社会效益与经济效益双提升。

#### 2. 建立多元评价体系消解角色冲突

目前国内的政策、制度在传统技艺方面的保护主要集中在非遗传承人、工艺美术大师等高水平工匠，而对大部分普通工匠的行业认证仍不完善。日新月异的印刷技术促使电脑排版逐渐取代了手工拣字，曾经在印刷宗谱、书籍等领域发挥重要作用的木活字印刷技术逐渐退出历史舞台。新型网络家谱在市场上崭露头角，几乎占据了家谱印刷的 90%，铅活字占有约 9% 的份额，木活字印谱微乎其微。木活字印刷技艺的行业生态并不乐观，如果仍然维持目前引导性的补贴政策和较为宽松的组织关系是不够的，必须有多元而灵活的评价体系作为行业保障，完善的政策制度予以保护与认可。不以单一的评价体系衡量谱师的技术水平，而要以当地受众群体的评价体系作为补充。通过制度化的行业规范，整合行业的文化资源，有助于缓解工匠角色冲突，让工匠技艺与信仰知识体系的公共价值得到充分彰显。而在上述的评价体系中，行业组织能够起到服务、监督、协调等不可替代的作用。木活字印刷协会作为与当地的谱师群体保持着最直接、最紧密的非官方组织，应妥善处理好政府、行业、非遗传承群体三者之间的关系，关注非遗传承过程的问题和不良情绪，并开展一系列更有针对性的工作：规范和明确谱师的培训、竞技与表彰制度，提高艺人们的社会声誉和地位；提高从业人员的能力与素质，对谱师技能进行一定的职业资格认证，保障其合法权益；加强对谱牒编撰的监督与管理，防止制作的宗谱质量参差不齐，扰乱市场环境。

### 3. 加强传承传播能力增强主体意识

非遗知识传承与传播的范围和效果，取决于政府、地方精英、民间社会、公益组织等多元主体的协同共建，更是传统文化整体化、多样化、活态化传承的关键因素。一方面，增强传承人的传承传播能力。瑞安木活字印刷技艺作为具有地域性、共享性的文化传统，需要借助传承人的传播实现更广泛的非遗传承和传播普及。谱师作为享有非遗知识产权并承担义务的"权利主体"，应该自觉履行文化传播义务，积极参与瑞安木活字印刷技艺的文化实践，增强个人公信力与文化知名度。然后进一步解决传统技艺传承的核心问题——收徒，想方设法为青年谱师提供就业机会，通过组织教育培训、提供展示平台、对接市场渠道等方式，为年轻传承人提供有力支持，以此解决代际传承断裂和后继人才储备不足的传承困境。并在此基础上，利用现代科学技术，促进技术体系中隐性知识的显性化，构建智慧服务平台系统，为谱师提供跨地区合作，打破谱师修谱行为的地域限制。另一方面，转变媒体的角色定位，从文化的消费者转变为文化的传播者，营造有利于技艺传承的文化空间。媒体应该积极消除民间对宗族"修谱活动"的刻板印象，不能避而不谈或任由其发展，要通过对其积极价值观的弘扬，拉近宗族文化与当地年轻人的距离，提高受众对修谱的情感认同，满足公民的公共文化权利，这样才更有利于公众的文化主体意识觉醒和培育。

### 四、结论

瑞安谱师作为掌握木活字印刷技艺的传统工匠，从明清时期酝酿成型，先后历经发展成熟、低迷发展、复苏重构三个阶段，其角色转型是时代剧烈变迁下不可避免的结果，既具有普遍性，又具有代表性。在近二十年的发展过程中，传统手工艺的再定位、工匠身份的建构与认同、传统手工艺品的多元发展，已成为一种"社会实在"，瑞安谱师也在努力与工业化带来的现代社会制度进行"功能耦合"。[11]如何更加科学统筹地推进谱师的角色转型是当下传承与保护木活字印刷技艺的新命题。

谱师作为瑞安木活字技艺传承的主体，他们始终在乡村建设和文化传承中占据中心地位，扮演着建构社会物质空间与人类精神世界的重要角色。实施乡村振兴战略以来，以中国木活字印刷

文化村为中心的整体性传承观，让一部分谱师体会到"传统文化空间"的回归，使其以更积极的姿态参与到瑞安木活字印刷技艺的未来发展中。非遗活态传承的关键也开始从"造物"转为"造境"，以更为开阔的"技术—社会"的视野关照到传承人以外更广泛的社会关系和文化生态。[12]正视谱师从现在到未来所面临的角色转型，并根据传承语境作出相应的角色调适，加强角色的学习与社会的交往，才能充分发挥文化持有者的主体意识，灵活地转换谱师在不同语境中的社会角色，进而深刻意识到传统工匠在"构建中国话语和中国叙事体系"中的巨大效用。◆

**参考文献：**

[1] 吴小淮. 木活字印刷技术[M]. 杭州：浙江摄影出版社，2012：25—27.

[2] 朱海滨. 祭祀政策与民间信仰变迁：近世浙江民间信仰研究[M]. 上海：复旦大学出版社，2008：168—177.

[3] 刘自团，李齐，尤伟. "工匠精神"的要素谱系、生成逻辑与培育路径[J]. 东南学术，2020（4）：80—87.

[4] [法] 爱弥尔·涂尔干. 宗教生活的基本形式[M]. 渠东，汲喆译. 上海：上海人民出版社，2006：507.

[5] 罗树宝. 中国古代印刷史[M]. 北京：印刷工业出版社，1993：754—757.

[6] 丁红. 木活字印刷文化在浙江家谱中的传承与发展[J]. 图书馆杂志，2008（2）：76—80.

[7] 王莹. 身份认同与身份建构研究评析[J]. 河南师范大学学报，2008（1）：50—53.

[8] 荣树云. "非遗"语境中民间艺人社会身份的构建与认同——以山东潍坊年画艺人为例[J]. 民族艺术，2018（1）：91—100.

[9] 文化部，工业和信息化部，财政部. 中国传统工艺振兴计划[EB/OL]. https://www.gov.cn/xinwen/2017-03/24/content_5180415.htm.

[10] 方李莉. 非遗保护的3.0层级与中国文化的当代复兴[A]. 中国木偶皮影，2016（2）：31—34.

[11] 郭丽冰，贾剑方. 匠心匠器：从工匠精神到工匠技艺的哲学意蕴[J]. 广东技术师范学院学报，2017（6）：26—30.

[12] 周计武，吴维忆. 从"造物"到"造境"：手工艺非遗保护的范式转换[J]. 文化艺术研究，2021（5）：11.

# 非遗产业化发展中的知识产权问题及保护建议

王　娜

**摘　要：** 产业化发展我国的非物质文化遗产（以下简称"非遗"）是促进我国优秀传统文化保护、传承与发展的有效途径，非遗在产业化发展过程中存在多种与知识产权有关的问题，如著作权侵权、商标抢注、不正当竞争等。产生知识产权问题的原因是多方面的，有相关非遗传承人、非遗产业从业者的知识产权保护意识与知识产权专业知识不足的原因，也有知识产权权利客体、非遗自身特征以及法律、管理制度等方面的原因。要通过提高加强知识产权知识学习、提升知识产权保护意识、及早申请或登记知识产权、积极打造产业区域品牌、加强创新创造更多知识产权等措施促进非遗产业化发展的知识产权保护，进而促进非遗产业的发展和非遗的保护、传承与创新。

**关键词：** 非遗；产业化；知识产权

自党的十九大报告提出推动中华优秀传统文化创造性转化、创新性发展以来，非遗的产业化发展越来越受到重视。利用非遗资源进行创新，加入创意开发设计的非遗相关产品受到市场的欢迎。然而，有调查显示，"知识产权得不到有效保护也是非遗转化、利用中的乱象之一"[1]。在非遗产业化发展的过程中，知识产权问题不仅损害非遗相关业者的利益，给产业发展也带来不利影响，还对文化的传承以及公平竞争的市场秩序也带来负面影响，非遗产业化发展中的知识产权问题不容忽视。

## 一、非遗产业化发展中常见的知识产权问题

知识产权制度是保护创新成果的法律制度，在我国，知识产权包括《著作权法》《商标法》《专利法》等法律法规所保护的著作权、商标权、专利权等类型，还有受到《反不正当竞争法》保护的字号权、知名商品特有名称权等权利。在非遗产业化发展的过程中，常见的知识产权问题主要有：

### 1. 著作权侵权问题

著作权，是权利人基于文学、艺术和科学作品而依法享有的人身权利和财产权利。在非遗产业化发展的过程中，在传统美术、传统技艺等非遗基础上推陈出新开发出的非遗衍生品广受市场欢迎，但其中也容易伴随著作权侵权问题。一方面，是非遗产业从业者侵犯他人著作权，如一些非遗创意产品的开发者认为，传统美术是属于民间文学艺术作品的范畴，不存在著作权保护问题，因此往往未经任何授权而直接将其认为的"传统美术"造型、图样等元素直接应用于其非遗衍生品或包装之中。事实上，传统美术的造型、图样等在成百上千年的传承过程中已经不再具备独创性，不能受到著作权保护，但进行了创新的传统美术的造型、图样等如具备独创性，则可以获得著作权保护。另一方面，是非遗产业从业者遭遇他人侵权。非遗衍生品如果是加入了新创意、新设计的艺术表达，只要具备独创性，就可以受著作权保护。实践中，很多非遗衍生品被开发出来后，企业通过互联网平台进行产品宣传和销售。新的营销模式促进了产品的宣传与销售，但也为知识产权保护带来新问题——创新的非遗衍生品一旦通过互联网进行展示，仿冒品很快就会出现，其中就存在很多著作权侵权问题。另外，我国传统工艺共包含14大类工艺，利用传统技艺进

**基金项目：** 本文系浙江省金华市科协2022年学术研究立项项目"推进未来乡村建设的知识产权运营与保护路径"的阶段性研究成果。

**作者简介：** 王娜，法学博士，浙江广厦建设职业技术大学管理工程学院讲师。

理论研究 Theoretical Study

非遗传承研究 2024 (2)

行生产的结果，往往是以手工劳动为主制作出具有独特艺术风格的工艺品，很多加入了创新元素的工艺品就是同时具有实用价值与审美价值的实用艺术作品。实用艺术作品并没有被列为我国现行《著作权法》的保护对象，但实用艺术作品中具有审美意义的艺术表现形式仍可以作为美术作品受到保护。实践中，此类工艺品的著作权保护问题容易被忽视。

### 2. 商标抢注问题

根据我国《商标法》第八条的规定，商标是一种"能够将自然人、法人或者其他组织的商品与他人的商品区别开的标志，包括文字、图形、字母、数字、三维标志、颜色组合和声音等，以及上述要素的组合"。该法第九条第一款规定，"申请注册的商标，应当有显著特征，便于识别"。商标本质上是一种具有区别功能的标志，是一种起到区别作用的符号。对非遗而言，某种文化遗产的名称或其创始人、传承人的姓名，或者是代表性企业的字号，都是一种文字符号，有些字号还带有图形。这些名称、姓名或字号经历历史沉淀，享有一定的知名度，具有显著性，这使得此类非遗资源作为一种具备显著性特征的符号，有成为注册商标的可能性。实践中，有不少非遗相关个人或企业具有较强的知识产权保护意识，已经将相关非遗符号资源申请注册为商标。但是，也有一些市场主体知识产权保护意识较弱，或者由于产业化程度不高，没有及时申请注册商标，一些非遗资源遭遇了他人的商标"抢注"，注册商标权并不在非遗的老字号企业或传承人等主体手中。商标权旁落他人，给非遗产业化发展带来障碍。

### 3. 商业秘密流失问题

根据《反不正当竞争法》第九条的规定，商业秘密是"不为公众所知悉、具有商业价值并经权利人采取相应保密措施的技术信息、经营信息等商业信息"。秘密性、价值性、保密性是构成商业秘密的三个要件。根据《最高人民法院关于审理侵犯商业秘密民事案件适用法律若干问题的规定》(法释〔2020〕7号)第一条的规定，"与技术有关的结构、原料、组分、配方、材料、样品、样式、植物新品种繁殖材料、工艺、方法或其步骤、算法、数据、计算机程序及其有关文档等信息"，人民法院可以

认定构成反不正当竞争法所称的技术信息。在长期的历史发展过程中，不少传统技艺的工艺、配方等依然处于保密状态，特别是一些传统技艺在传承方面遵循"传男不传女，传内不传外"的规矩，这种规矩一方面不利于培养传承人和传统技艺的产业化发展，但另一方面，这种规矩使得一些传统技艺的产品配方、制作工艺、制作方法等没有广泛地被他人知晓，还处于保密状态，从而可以作为技术信息类商业秘密加以保护。按照《保守国家秘密法》第二条的规定，"国家秘密是关系国家安全和利益，依照法定程序确定，在一定时间内只限一定范围的人员知悉的事项"。一些传统技艺的技术等事项因关系国家安全和利益，甚至成为国家机密，如2011年被列入第三批国家级非遗名录的漳州片仔癀制作技艺连同其配方，均属国家绝密级秘密。非遗商业秘密的流失也是值得重视的知识产权问题，如南京金箔锻制技艺是有着1600多年历史的传统技艺，2006年入选第一批国家级非遗。2008年7月，南京金箔锻制技艺非遗项目的管理单位——南京金线金箔总厂意识到金箔锻制技艺被外泄而报案，侦查人员最终查明是南京金箔金线总厂的技术员陆某和黄某将各自掌握的配方、工艺技术等加以记录并偷偷带出的。[2]商业秘密的流失不但给企业带来经济损失，还会给国家的经济利益和经济、文化安全等带来威胁。

### 4. 不正当竞争问题

商业秘密的流失给权利人带来损失，而对于通过种种手段非法获取他人商业秘密的经营者而言，通过非法获取他人商业秘密进而获取商业竞争优势也是一种不正当竞争行为。在非遗产业化发展过程中，和知识产权有关的不正当竞争行为不仅限于非法获得商业秘密方面。很多非遗名称、产品名称等在历史发展过程中，逐步积累了良好声誉，产品深受欢迎，在一定地域范围甚至全国范围都拥有较高知名度，成为《反不正当竞争法》所保护的"知名商品特有名称"，不少非遗企业的字号作为"老字号"也有较高的知名度，承载着巨大的商誉。实践中就有恶意"搭便车"者觊觎这些商誉，在其产品、广告等资料中仿冒或假冒非遗相关商品名称、包装、装潢、人物姓名、字号等，构成《反

不正当竞争法》第六条所规定的混淆行为。传统美术、传统技艺以手工作业为主，但常常有所谓的"传统手工艺"产品明明是机器批量生产，却假冒是手工艺品进行营销，构成了《反不正当竞争法》第八条所规定的虚假或者引人误解的商业宣传行为。这些行为不但扰乱公平有序的竞争秩序，损害权利人和消费者的权益，也给我国非遗的声誉及其产业化发展带来负面影响。

5. 权利冲突问题

非遗产业化发展过程中的知识产权纠纷有一部分是由于前述的恶意抢注商标，进而和正当使用者的字号权、姓名权等形成权利冲突。也有恶意将非遗有关资源登记为字号再突出使用，从而形成冲突的。当然，也有一些冲突并无"恶意"因素，而是由于历史、法律制度、管理制度等多方面的原因，造成同一非遗资源的商标权、字号权、姓名权等不同性质的权利分属于不同的主体。商标、字号、姓名作为一种符号，在市场竞争中有区分不同商品来源或者说区分商品的不同生产者或提供者的功能，当商标、字号、姓名等商业标识共同指向某一特定产品，而商标权、字号权、姓名权等权利又分属于不同主体时，这些商业标识的区分功能会受到影响，消费者往往会产生混淆，进而对产品的来源发生误认，权利之间的冲突问题便会凸显出来。权利冲突的表现形式多样，有字号权与字号权的冲突、字号权与商标权的冲突、姓名权与商标权的冲突、商标权与商品名称权的冲突等多种类型。早期在非遗传承的过程中，权利冲突问题就导致了多起知识产权及不正当竞争纠纷，如"张小泉"纠纷主要是杭州"张小泉"注册商标与南京"张小泉"企业字号的冲突。"泥人张"纠纷主要是天津"泥人张"知名商品特有名称与北京"泥人张"企业字号、商品名称之间的冲突。时至今日，不同性质的知识产权之间的冲突造成的纠纷依然存在。

**二、非遗产业化发展中知识产权问题产生的主要原因**

在非遗产业化发展中出现的知识产权问题背后，有多方面的原因，既有作为主体的"人"如非遗相关主体的原因，也有知识产权的权利客体以及非遗自身引发的问题，还有法律制度、管理制度等方面的原因带来的问题。

1. 知识产权意识薄弱引发知识产权风险

整体来说，目前非遗产业化发展过程中，相关从业者的知识产权意识还比较薄弱：一方面是一些业者缺乏尊重他人知识产权的意识。典型的如刺绣等传统行业的创作需要以美术、摄影等作品作为样稿，以民间艺术作品等此类已经超过著作权保护期限的作品进行二度创作，一般没有知识产权问题，但使用还处于著作权保护期的作品为底稿进行创作，则有侵权风险，但一些业者并没有此种风险意识；另一方面，部分业者保护自己的知识产权的意识不强，没有及时申请或登记知识产权，在遭遇他人商标抢注或者知识产权侵权指控时，才意识到问题的严重性。

2. 知识产权专业知识不足导致错失知识产权

我国法律对申请专利和商标均有实质性和程序性的规定，知识产权的申请者由于缺乏知识产权方面的专业知识，造成其在申请过程中，由于在知识产权实质性条件或者程序方面存在问题，耽误了申请进度，进而导致错失知识产权或者让他人捷足先登。典型的例子如被授予专利权的发明和实用新型，应当具备新颖性、创造性和实用性这"三性"的实质要求，实践中有申请者在申请日前通过展示样品、销售产品等方式，破坏了"三性"中的新颖性而不能获得专利授权，有的甚至是在获得专利授权后，被他人举证发明或实用新型已经丧失新颖性，最终导致专利权被宣告无效。从程序性要求来说，我国的专利权、商标权确权实行申请在先原则，体现在《专利法》第九条"两个以上的申请人分别就同样的发明创造申请专利的，专利权授予最先申请的人"和《商标法》第三十一条"两个或者两个以上的商标注册申请人，在同一种商品或者类似商品上，以相同或者近似的商标申请注册的，初步审定并公告申请在先的商标"的规定之中。在非遗产业化发展过程中，不少商标抢注者就是利用申请在先原则占得了先机。

3. 权利客体构成要素的一致性引发知识产权冲突

围绕商标权、字号权、姓名权等权利发生冲突的一个重要原因是这些权利的客体可以由同样的元素构成。按照自 2023 年 10 月 1 日起施行的

理论研究 Theoretical Study

非遗传承研究 2024 (2)

《企业名称登记管理规定实施办法》第八条的规定，"企业名称一般应当由行政区划名称、字号、行业或者经营特点、组织形式组成，并依次排列"。对于企业而言，企业名称中最核心的就是字号。根据《企业名称登记管理规定实施办法》第十条的规定，"企业名称中的字号应当具有显著性，由两个以上汉字组成，可以是字、词或者其组合"。可见，在我国，字号是由汉字组成的，而汉字也是商标和姓名所使用的最主要的文字。姓名权是自然人对其姓名享有的一种人格权，对于如非遗创始人、传承人这样的名人而言，他们的姓名已经是一种兼具精神利益和经济利益的符号，具有商业化利用的价值。如前所述，某种文化遗产的名称或其创始人、传承人的姓名，都是经历历史沉淀而享有知名度的文字符号，具有显著性特征，可以通过注册商标的方式获得注册商标权或者通过登记企业名称获得法律保护。流传下来的非遗老字号，同样也可以通过注册获得商标权。不同权利客体构成要素的一致性，是导致权利冲突的内在根源。

**4. 非遗自身的特征导致知识产权纷争**

我国的非遗有不少是多人参与的群体性项目，群体性非遗项目的很多行业，特别是如传统技艺、传统美术等容易形成产业、有一定生产规模的行业，其产生、发展往往是某个家族几代人或者某一地域范围内同一行业的多位业者历经数代传承而共同努力的结果，此类非遗项目的权益也应属于某个群体。此类非遗的权益属于某个群体，属于此群体的个体，如从事非遗相关工作的个人和企业，都有权使用非遗的名称、技艺等资源，这会造成某一非遗产业领域不同企业的企业名称含有相同字号的情况，而知名商品特有名称权、姓名权、商标权等权利也可能分属不同主体。非遗的群体性等特征，也是造成知识产权冲突的重要原因。

**5. 法律以及管理制度的不统一造成知识产权冲突**

在我国，涉及非遗权利纠纷的姓名权、商标权、知名商品特有名称权、字号权等权利的保护依据分布于不同的法律法规之中，如姓名权的保护依据主要是《民法典》，商标权的保护依据主要是《商标法》和《商标法实施条例》，知名商品特有名称权主要是在《反不正当竞争法》中加

以规定，字号权的保护依据主要有《民法典》以及《企业名称登记管理规定实施办法》等。在这些不同的法律法规中，尽管有法律法规如《商标法》在第三十二条规定了申请商标注册不得损害他人包括姓名权、字号权、著作权等在内的在先权利，《商标法》第七条规定了申请注册和使用商标应遵循诚实信用原则，《企业名称登记管理规定实施办法》第三条也规定"企业名称的申报和使用应当坚持诚实信用，尊重在先合法权利，避免混淆"，但是，由于这些法律法规并无有效规制权利冲突的具体规定，加上非遗名称等资源蕴含着巨大的经济价值，恶意抢注、登记等行为还是时有发生。商标、字号管理制度相互独立，也有引发权利冲突的可能性。在我国，国家知识产权局主管全国的商标注册和管理工作，而按照《企业名称登记管理规定实施办法》第五条的规定，"县级以上地方企业登记机关负责本行政区域内的企业名称登记管理工作"，商标和字号的主管机关不同，相互之间并无信息沟通机制，商标注册和字号登记相互独立，有引发商标权和字号权冲突的可能。根据《企业名称登记管理规定实施办法》第九条的规定，"企业名称中的行政区划名称应当是企业所在地的县级以上地方行政区划名称"。这意味着，如果进行跨县级以上行政区划进行企业名称登记，在不同的地域范围用相同的字号可以获得登记。在我国，很多非遗资源涉及的地区是跨县甚至跨省的，相关跨地区的企业如果以某项非遗资源名称、姓名等资源作为字号进行企业名称登记，就有引发登记在不同地区的字号权之间发生冲突的可能。

**6. 权利归属无约定造成知识产权纠纷**

新中国成立后，为了拯救、发展我国的传统产业，一些地方曾有政府主导引入企业参与老字号传统家族企业的生产运营。被引入的企业和老字号企业为濒危的传统行业的发展共同做出了贡献，这些主体也共同分享或分别享有相关商业标识的权利。而在当时的历史条件下，企业在合作的过程中，很难会有约定知识产权归属的意识。1956年，我国工商业的公私合营又使得部分传统行业的技术或商业标识等有关权利不再属于传统企业。在我国伴随改革开放逐步建立起知识产权制度后，历史上企业的分分合合成为不少知识产权纠纷的时代背景，主

要原因就是当时没有关于知识产权归属的约定。市场经济时代，很多企业之间通过签署联营协议或者授权协议进行合作，其中会涉及专利权、著作权或商标权、字号权等知识产权的授权许可或转让。也有通过合作开发或委托开发进行技术研发或作品设计的，会涉及合作开发或委托开发成果的归属问题，如果在合作的过程中没有知识产权归属约定或者约定不明，也会为权利冲突埋下伏笔。

### 三、提升非遗产业化发展的知识产权保护建议

长期以来，我国的非遗保护工作是以政府为主导，政府在加强对非遗本身以及非遗产业化中的创新成果的知识产权保护方面，主要从法律制度、管理制度、政策引导等宏观层面做了大量工作，如通过加强立法不断加大对知识产权的保护和对侵权行为的打击等。司法部门也本着尊重历史和考虑现状的基础上，按照诚实信用、维护公平竞争和保护在先权利等原则，解决了大量的知识产权纠纷。在非遗产业化发展的过程中，非遗业者作为最主要的市场主体，和作为企业代表的相关行业协会，都应该在知识产权保护方面发挥更多的作用。

#### 1. 加强知识产权专业知识学习

为了减少知识产权风险隐患，正当行使知识产权获得竞争优势，在产业化发展非遗的过程中，非遗相关业者应该从知识产权纠纷中认识到知识产权的重要性，提高尊重他人知识产权和保护自己知识产权的意识，加强对知识产权有关法律法规的学习，利用专业知识加强对非遗相关创新内容的知识产权管理，在遭遇知识产权纠纷时，注意做好证据收集等工作，依法维权。

#### 2. 及早做好知识产权申请或登记工作

基于我国专利权、商标权确权时的申请在先原则，非遗相关业者要注意对有可能获得知识产权保护的创新和创造，在时机成熟时及早启动商标或专利的申请程序。我国的著作权没有确权程序，实行"自动取得"制度，即著作权自作品创作完成之日起产生。由于著作权没有确权程序，也就没有商标注册证或专利证书此类的权属证明，著作权人往往面临无法证明自己是权利人的难题。根据自 2002 年 10 月 15 日起施行并于 2020 年 12 月 23 日由最高人民法院审判委员会第 1823 次会议通过修改的《最高人民法院关于审理著作权民事纠纷案件适用法律若干问题的解释》（法释［2002］31 号）第七条第一款的规定，"当事人提供的涉及著作权的底稿、原件、合法出版物、著作权登记证书、认证机构出具的证明、取得权利的合同等，可以作为证据"。因此，进行著作权登记获得的登记证书，可以作为著作权人证明自己是权利人的证据。在非遗产业化发展的过程中，有关主体应增强知识产权保护意识，及时做好商标注册、专利申请、著作权登记等工作。知识产权具有地域性，国（境）外市场也是巨大的潜在市场，我国一些老字号、老品牌曾在海外多个国家或地区遭到抢注，给产品"走出去"带来障碍。在非遗产业化发展的过程中，有关主体还应加强知识产权国际保护意识，及时做好商标、专利在国（境）外主要市场的注册、申请工作。

#### 3. 积极打造产业区域品牌

在激烈的市场竞争中，企业要通过其优质产品吸引顾客，而商标则起到让消费者认牌购买的作用，商标对企业和消费者都有积极作用，非遗业者应重视以注册商标为基础的品牌建设，以品牌带动企业和产业的发展。"非遗的地域性是非遗最重要的文化特征。特别是现代社会，愈具有地域特色的非遗，愈具有这个地方文化的标志性。"[3]在非遗产业化发展的过程中，各地应注重发挥非遗的地域特色，打造产业区域品牌。如前所述，我国很多非遗产业领域，往往是在某一地域范围内有同一行业的多个不同经营者，他们的生产流程、生产方法、产品特色等如果符合相关标准，就有权使用作为该地域、该行业公共资产的非遗名称等资源，对于这种具有区域性、行业性的公共资产，由行业协会等组织出面申请集体商标等团体性商标，再授权符合相应产品质量标准、主体资质要求等标准的经营主体使用并加强商标使用管理，一方面可以避免非遗公共资产被个别个体占有而给正当使用者的使用带来不便的尴尬局面，另一方面，经营主体按照行业协会等组织制定的集体商标、证明商标或地理标志使用管理办法要求，规范使用团体性标志，生产符合要求的产品，可以增强非遗的声誉和知名度，带动团体性商标成长为知名度高的区域品牌，这对促进文化的传播和区域经济的发展均有积极意义。

**4. 加强创新，创造更多知识产权**

创新是社会发展的不竭动力，我们的优秀文化遗产也应与时俱进。在产业化发展非遗的过程中，相关业主要不断加强创新，并和现代科技、现代审美相结合，开发出更多的符合现代人需求又不失传统文化特色的产品。当创新达到知识产权法律法规所规定的创新程度时，就有获得知识产权保护的可能性。相关主体应重视对非遗创新的知识产权保护问题，及时为创新申请或登记相关知识产权，综合运用著作权、商标权、专利权以及与反不正当竞争有关的知识产权等多种权利来保护自己的创新，通过知识产权的保驾护航增强市场竞争力，带动企业、行业的发展和我国非遗的传承与创新。

**5. 通过合同明确约定权利归属**

利用非遗资源进行跨界融合是创新利用非遗资源的重要途径，在跨界融合的过程中少不了知识产权授权、转让以及委托设计、委托开发、联合开发等行为。在此过程中，通过合同明确各方权利义务，清晰约定权利归属，可以有效降低发生纠纷的可能性。根据我国《著作权法》《民法典》等法律的规定，当事人合作创作作品或者合作进行技术研发，除另有约定外，相关权利如著作权、专利申请权等由合作者共同享有。而对于委托创作作品或者委托开发技术，法律则做出了对创作者更为有利的规定，如《著作权法》第十九条规定："受委托创作的作品，著作权的归属由委托人和受托人通过合同约定。合同未作明确约定或者没有订立合同的，著作权属于受托人。"《民法典》第八百五十九条第一款则规定，"委托开发完成的发明创造，除法律另有规定或者当事人另有约定外，申请专利的权利属于研究开发人"。因此，特别是对于委托他人进行产品设计或者技术开发的行为，如果委托方想获得相关权利，应通过合同明确约定相关成果的归属，防患于未然，有效减少纠纷。

**6. 积极发挥行业协会的力量**

由于知识产权维权的专业性、复杂性等原因，个人或者单个企业往往面临维权成本高、维权效果差等难题。特别是对于群体性非遗项目，在产业化发展的过程中，会有众多的企业参与进来，在知识产权保护方面就有很多共性问题。行业协会作为某个行业多个企业共同利益的代表，出面保护行业的知识产权可以起到企业不可比拟的作用。一方面，行业协会有资格作为申请人申请地理标志产品认定或申请注册团体性商标保护某个行业集体享有的非遗资源，并且行业协会可以通过行业自律加强整个行业内部的知识产权管理，企业在这方面无法替代行业协会；另一方面，行业协会出面保护知识产权，在减少维权成本、提高维权效果等方面的优势也是单个企业所不具备的。因此，在非遗产业化发展的过程中，要积极发挥行业协会在知识产权保护方面的优势，增强知识产权保护能力与效果，促进产业与文化的发展。

**四、结语**

非遗的产业化发展为市场带来了更多蕴含传统文化元素的产品，人民大众通过切身接触或体验产业化利用非遗所开发的文化创意产品、文艺演出等方式去更多地了解我们的优秀传统文化，传统文化才能深入扎根人民大众的生活，获得更持久的生命力，我们的文化才能生生不息。法治社会，创新利用非遗的同时，我们也要重视知识产权的作用，为非遗产业化发展和非遗的保护、传承与创新保驾护航。◈

**参考文献：**

[1]《民间文化论坛》非遗与乡村振兴研究课题组.传承老手艺 激活新动力——我国非遗传承助力乡村振兴现状调研[N].光明日报，2023-06-22.

[2]崔洁，肖水金，孟军."黑纸"疑云——全国首例故意泄露国家级"非遗"技术秘密案侦破始末[N].检察日报，2009-10-09.

[3]冯骥才.非遗学原理（下）[N].光明日报，2023-03-26.

理论研究 Theoretical Study

# 从河流名称古音现状思考上海方言的传承

褚半农

**摘　要：** 清代三朝地方志上有明确记载的上海浦东河流"王家浜"，其中"王"应读古音"yáng"，现在这条河却变成了"姚家浜"。上海郊区和苏南地区还有好多带"王"字却要读"yáng"音的村庄地名，因各种原因正在消失。文献中记载的大量上海方言词语也已成难词。学习方言不仅是为了便于交流，更要从非遗和文化传承角度思考。

**关键词：** 王家浜；姚家浜；沪语；方言文化；非遗传承

只要翻开当今的上海市地图，就可看到浦东地区有这样一条河流，它从浦东新区的咸塘流出，进入闵行区的召楼后一路向西，经过杜行并继续前行，最后汇入黄浦江。这条穿行在闵行区和浦东新区土地上的河流，在地图上标注的名称叫姚家浜。

可这条河流原名为王家浜，不但在清代三朝的地方志上有记载，就是在现在年长的当地人口语中还是这样叫的，只是"王"字在他们口中读作"yáng"音，王家浜便称作"yáng家浜"。那么，后来又是什么原因使其改称为"姚家浜"的呢？

一

河流名属地名之一种，主要河流和一般河流名，历代地方志都会有记载，先看看王家浜在旧地方志书中是怎样记载的：

（1）王家浜，即杜家行，在下砂浦北，以杜家行在其西，故居人呼为杜家行。东自黄莺桥下，从咸塘西流，为赵家娄，又西至杜家行入浦。[1]

（2）（嘉庆）七年，南汇知县张昌运浚王家浜、咸塘。[2]

（3）（嘉庆）七年，知县张昌运浚王家浜、咸塘。[3]

例（1）引自《雍正分建南汇县志》，这是南汇县从上海县析出后的第一部县志，也是我至今

作者简介：褚半农，上海市闵行区文联特邀会员，闵行区非遗保护中心专家组成员。

看到最早记载此河流名的县志。它详细记载了河流的位置及流向，称"王家浜"的这条河流，位置在另一条河流"下砂浦"之北。而据其他志书记载，"下砂浦"也写作"下沙浦"，原名却叫"盐铁塘"，有地方志记载为证，如"下沙浦。旧亦名盐铁塘"。[《正德松江府志》卷之二][4]它的改名是在宋绍兴十五年（1145），通判曹泳"浚盐铁塘更名下沙浦"[《嘉靖上海县志》卷一]。[5]河的流向是，从东面的咸塘（一条南北向河流）流出，向西经杜家行（现称"杜行"），最后汇入黄浦江。

例（2）《嘉庆松江府志》、例（3）《光绪南汇县志》的记载告诉我们，当年一个名叫张昌运的地方官曾组织疏浚过王家浜和咸塘。从志书中记载的"王家浜""咸塘"河流名看，这两部志书中提到的"王家浜"，可确定仍然是《雍正分建南汇县志》中提到的那条河流，它的名称叫"王家浜"。

按照志书记载，我们很容易从当代上海地图中看到"盐铁塘（下沙浦）"，在其北面就可找到这条原来叫"王家浜"的河流，不过今朝它已被改称为"姚家浜"了。也就是说，历史上的王家浜，与现在的姚家浜，是同一条河流，亦即"同河异名"。

二

将河流名"王家浜"改称作"姚家浜"始于何时？现在可能已无法追溯到底了。但我查阅到一幅1959年4月由上海市城市建设局测量总队印制的《上海县地图》（1958年8月上海市西郊区和原上海县合并成新上海县，此为首张县境地图），上面已经将这条河流标注为"姚家浜"了。[6]我手头另有一册原上海县建设局编印于1989年9月的《上海县集镇规划汇编》（1992年9月，上海县同原闵行区"撤二建一"后建新闵行区），其中有今属杜行的《谈家港镇现状图》，这条河流在里面标注的名称也是"姚家浜"。20世纪80年代上海首轮编修的地方志中最早的记载在《南汇县志》（南汇县后升级为区，2009年8月划归浦东新区），志书正文中虽未见到有"姚家浜"的文字记载，但卷首"南汇县水系图"中这条河流标注的名称也为"姚家浜"。[7]《上海县志》分

别在第三篇"自然地理"附表和第十二篇"水利"中，两次记载到这条河流，但两次都记为"姚家浜"。[8]以后出版的《上海地名志》第一篇"自然地理实体地名"附表中，也将此条河流记载为"姚家浜"。[9]《闵行区地名志》第三篇"河流及水工建筑地名"中，不仅记有"姚家浜"河流名，还特地注明这条河"一度用名王家浜"。[10]从"一度用名王家浜"的记载可知，修志者把"姚家浜"当作正名，而"王家浜"反而成了副名。这是反客为主，明显有悖历史事实。

为什么那么多的出版物会将"王家浜"记载成"姚家浜"呢？或者说怎么会出现"同河异名"的呢？《杜行志》《上海县水利志》分别记载：

（4）姚家浜  原名王家浜……本地语王读为yáng，后讹传为"姚"，故今叫"姚家浜"。[11]

（5）姚家浜  原名王家浜。因方言"王"音近"姚"，反多以姚家浜名。[12]

这两条记载告诉我们，"同河异名"现象的出现，与"王"字的读音有关。但例（5）"因方言'王'音近'姚'"一句太过简单，反而让人生疑："王"字音wáng，"姚"字音yáo，不管是用普通话读还是用当地方言读，两者都根本不"近"音，怎么可以取而代之呢？例（4）的记载较为清楚，原来"王"字在上海方言中另有一个读音是yáng。记载虽也稍嫌语焉不详，仅点到为止，却让人得知，"王"字的另一个读音yáng，是造成"同河异名"的主要原因。

这马上涉及另一个问题是，"王"字可不可以读成"yáng"音呢？答案是：可以，而且古已有之。

"王"字的这个读音，涉及上海方言中保留至今的古音。王，当今读音为wáng，但在徐铉校定的《说文解字》中，其读音不是wáng，而是注为"雨方切"。[13]清朱骏声《说文通训定声》中，"王"字也注为"雨方切"。[14]"切"即"反切"，是古人用两个汉字为另一个汉字标注读音的一种方法。

按照反切要求，将"雨"的声母"y（ü）"，和"方"的韵母"（f）ang"相拼，"王"的读音即yáng，正是"王家浜"中"王"字的读音。从宋

初徐铉校定《说文解字》并据孙愐的《唐韵》添加反切算起，已经过去一千多年了。如果从孙愐在开元年间编成的《唐韵》算起，还要向前推 200 多年。这就明白无误的告诉我们，徐铉注的"雨方切"亦即"王"字的"yáng"音，是唐时的读音，宋时的读音，十足一个古音。黄炎培主纂的上海浦东《民国川沙县志》卷十四中也明确记载到"王"字要"读古音雨方切"，亦即"yáng"音。[15]我手头另有资料表明，这个方言读音还保存在江苏苏南地区。在汉语的使用和发展过程中，王的"yáng"音成了上海方言中的白读音，后起的"wáng"音成了文读音。此当为另一个话题，恕不赘言。

这条河流在当地人口语中也一直按照古音读作"yáng 家浜"，写下来便是"王家浜"，并一代代传了下来，当地人也都知道，这还可从上面几部地方志中的记载得到证明。如你到上海浦东去问当地老年人，他们也会告诉你这条河叫"yáng 家浜"。倒是现在的记录者不知道"yáng"音应写作"王"，可能也没有深入采访了解，在根据当地人读音书写时找不到"yáng"的同音字，就找个读音有点相近的"姚"字替代，抑或可能认为这个读音不规范，于是，将错就错（或有意为之），就这样，清代三朝地方志上有明确记载、老百姓口语中历来称呼的"王（yáng）家浜"变成了"姚家浜"。这种乱写古音字的现象过去并不多见，尤其是那些常用的方言字根本不会乱写，例（1）、例（2）、例（3）中清代三朝地方志都明确记载为"王家浜"即可说明。

事实上，"王"字这个古音不只在上海浦东有，浦西也有；不只出现在河流地名上，也出现在村庄地名上。如上海西南七宝镇友谊村七莘路两侧（今华友路高压线处）原本有个村庄，我们从小口语中一直称"×更依"，"×"的读音也是"yáng"，写出来便是"王"，村民也都姓"王"。上海松江区《九亭志》记载：九亭镇东部靠小涞港处有个叫"王家库"的村庄，这个"王"字跟七宝的"王更依"中的"王"字一样，读音也是"yáng"。[16]参加过编撰《浦江镇志》的老王告诉我，他出生在浦东原杜行乡勤建村七队一个叫"yáng 间里"的小村庄（位置在"姚家浜"北），这个"yáng"写出来也便是"王"，也是他

的姓。他们村庄以及周边的人都是这样讲，而写出来时，人人都知道应该是"王间里"，也从没有人把它写成"姚间里"的。上海浦西、浦东这三个村庄地名告诉我们，上海方言口语中常有带"yáng"音的字，写出来大多是"王"。我又向上海闵行华漕镇的老法师朱墨钧咨询过，他一下子说出了当地两三个带"yáng"音的地名。苏州一位网名叫"寒寒豆"的朋友，在博客上给我提供了一个"王坊"的苏州地名，他说其中"王"字也读"旺"（即"yáng"）。从现今存在的这种古音语言现象可推测，在上海郊区，在苏南地区，这些读"yáng"音、实际是"王"字头的村庄、河流等地名的一定还有，而且数量也不会少。如果当年的地图测绘者不耻下问，多调查几个人，也许现在的地图上仍然是"王家浜"而不是"姚家浜"。当然，从规范要求出发，"王"字古音"yáng"的标注应是 ɦiã³¹。

因为"yáng"这个古音，我们就好理解了，在上海原松江府以及苏州府方言中，表示太阳大、燃烧的火大的"日头旺""火头旺"，或者表示赌运好的"手气旺"中的"旺"为什么都读"yáng"，就是因为当"yáng"音的"王"字做声旁时，"旺"的读音也读"yáng"了（如上面的苏州地名"王坊"读"旺坊"）。这些带有古音的地名方言词语一代代传承下来，到我们这一代还保持原样。事实上，在上海西南农村原松江府方言中，"王"字读"yáng"音的，除了河流名、地名外还大有"词"在，如在生活中对那些类似大王或极蛮横者，上海方言中一直称其为"王（yáng）"或"王（yáng）头"的，如"侬是王头佬，大家侪见侬吓个（你是大王，大家都见你害怕的）"。蔬果中有特别大且模样不正者，如两个茄子、两条黄瓜会结在一起，又特别大，口语中称其为"王"，读音也是"yáng"而非"wáng"。当地村民都是这样称读并一代代传承的，也说明这个读音不是凭空出现，而是流传有序的。但这个读音现正在逐渐远离我们，当今 50 岁以下的当地人中知道这个读音的也已不多，"王（yáng）"和"王（yáng）头"这些词语也正在远离我们，并将最终消失。而随着城镇化进程步伐加快，原带有"yáng"读音的"王"姓村庄已经拆除或正在拆除，如七宝地区的"yáng 更依"〔王家巷〕、九亭地区的王（yáng）

家庠等，十几年前早就拆光了，原住民动迁分散居住后，村庄消失，地名只存在老年人的头脑中，因此，这个读音也可能最终会消失。

### 三

方言，是传统文化、地域文化的基本载体和最直接的表现形式。上海方言一路走来，由于种种原因的长期叠加，对它们的理解、使用、传承，终于在近二三十年间出现了前所未有的使用危机和传承危机。这二三十年中生活环境的改变、文化水平的提高，普通话普及等多种原因，尤其是随着城镇化进程，成批的村庄因动迁而消失，大量的农民随之从农村搬进了小区新村，村委会变成居委会，从而带来工作条件、生活条件和居住条件的改变，因此1990年前及以后出生者，他们自会说话起就学习普通话而较少使用方言，致使产生和依附于农耕社会丰富多彩的方言和方言文化加速流失，不仅方言中的古音消失，大量的方言传统词语不断遭到挤压、异化、遗忘、丢弃、缩减，且势不可挡，许多几百年来流传至今的方言词语生生地被人为消失，词语承载的各种信息也就戛然而止，致使方言传承中止的中止，异化的异化，文化断层十分明显。

为什么要学习和继承方言？现在普遍的一种说法是便于口语交流。从媒体上得知，在上海，有医院曾让医护人员学习方言，是为了听得懂农村患者说的病情。也有法院要求年轻法官学习方言，目的也是能听得懂村民的诉讼要求。学习方言是为了听得懂、便于交流，这自然没有错。但这还不够，对方言重要性的认识和实践，还要朝前多走一步或几步。

先请看几个例句，看各位能不能理解其中方言词语的词义：

（6）晚稻处暑后方做肚，未做肚前，尽好分种，不妨成实也。[17]

（7）（比赛做对子）一场，主考得香钱百文。一日可十场，积钱千文，酒资大畅。[18]

（8）"三岁孩儿搔背来。呀。再上些。心肝爱。"[19]

三个例句中各有一个上海老方言词语：做肚、大畅和上。

再举两个白话文中的例句：

（9）堂倌道："就前年宁波人家一个千金小姐……拨县里捉得去，办理拐逃，揪二百藤条，收仔长监；勿晓得啥人去说仔个情，故歇倒放俚出来哉。"[20]

（10）富罗到得楼上，举起手中那根木棒随处乱打乱揪，打碎了两块玻璃窗儿，三只茶杯，一对台花。[21]

两部小说例句中有不少方言词语，这里特别要点出其中一个音义相同的方言动词：揪。但这个"揪"并不是普通话中"揪出来"的"揪（jiū）"，读音、词义完全不同。

可能有人会问，"古文"中有"上海方言"词语吗？有，而且数量不少。

上面列举的文献都属名人名著名作，是很容易找得到的，除了例（6）的出处《告乡里文》较短外，其他几种著作里都有大量的"上海方言"资料。上海出版的《上海府县旧志丛书》和《上海乡镇旧志丛书》两套丛书中就有数量较多的方言词语，我已经收集到了一大批。这是"上海方言"发展史上的明确记录，很多词语至今还完整保留在上海西南即原松江府方言中，也保存在苏南地区方言中，反映的是地域传统文化的流传、继承有序。

方言是历史形成的，现存方言的许多特征和实际内容，只有联系地方史实才能正确理解。历史文献中出现的方言词语，包括带有古音的地名用词，在几十年前好多是人人都懂的常用词，现在却成生词、难词，连专业人员也感到陌生，或者根本不懂；有的一错再错，到了囖勿清楚的地步，事例举不胜举，如文献上记载清清楚楚的"串头绳""叉袋"等，被专业研究人员错写成"脆头绳""车袋"等。这都是上了词典的。这些属常用的都这样，稍复杂的错得更是离谱。上文"做肚"等5个例句还算比较简单的，其他如"一墶""卑纰""楼偷头"等，看上去更难懂了。同上例词语一样，它们长期在沪（吴）地使用、流行，这可从它们在包括地方志在内的历史文献中有记录而得到证明。我和周围的原松江府原住民至今也一直这样使用着，就是说，周围的老年人可能识字不多，或者不识字，但他们都懂这些方言词语，在相同的语境时，这些词语他们会脱口而出。前几年，有一次我去上海松江区新桥农村找来稻草，做成捆扎用的"柴户"，然后拍照，顺便问两位老人，你们这里叫什么？他们立即回说"柴户"。我又把照片发到微信上，问圈里的朋友这叫什么，几个住在不同区但都有农村生活经历的朋友也都说是"柴户"（其中一个远在无锡），同我们这里完全一样，可几本方言词典上却把它解释为"稻草绳"，这与事实相差有多远！苏州大学石汝杰教授主编的《明清吴语词典》收录了包括上海方言在内的17000多条词语，大量流传有序的方言词语进入词典，也使吴方言研究、传承有了个标志性的成果。当然也有遗漏，如上例5个词语就不在其中，后来出版的拙作《明清文学中的吴语词研究》[22]，我补充提供了700多个尚未进入研究者视线，或虽进入研究者视线但理解明显有误的沪（吴）语词。我做这一切，目的还是为了沪（吴）语的传承有序。

现在，重视、关心、使用上海方言的人多了起来。但又因种种原因，使用者视文献记载、历史事实、基本知识而不顾，随心所欲，出现差错、混乱之多，以前从未有过，上海方言由此变得光怪陆离起来。这倒也为我提供了上海方言研究和写作的素材。我们不能把学习和继承上海方言仅定位在便于口语交流，也不能把上海方言只看作读音古怪、好多字写不出的东西（这种现象，其他方言中也有），而要看作是一种文化，一种包含有地理、历史、民俗等各种信息和丰富内涵的传统文化，其文化含量深不可测，是我们无法估量的。如果真有那么多的方言词语到我们这一代就理解不了了，沪语传承断档，它们岂不要变成新的甲骨文？从这个角度看，历代遗留下来的方言语音、方言语词等堪称是活化石，是老祖宗留给我们的文化遗产，也是研究沪（吴）方言起源、变化等的"非遗"活资料，除了"王家浜"之"王"的读音外，在上海方言中还有不少资源，如普通话中的"打"字，从"打人"到"打水""打的"等，词义之"广"几乎可包"打"天下，方言中却可细化为各种精确的特色动词。如将用具（如瓶子之类）"没"入水中，让水从瓶口的上面"咕咕"地进到瓶子中，描述这个动作该

用什么动词？普通话中没有，但在上海方言中就有，它就是"搵"，上海原松江府方言中还有个专门动词："搵水"，也属"打水"中的一个动作，而且当地农村至今还流传着一句歇后语"夜壶挽水——稳成（搵沉）"。说到"搵"字可谓"历史悠久"，它在《说文解字》中就有列词条，读音是"昷声（乌困切）"，释义是"没也"，《民国嘉定县志》卷五中对这个义项的"搵"字也有介绍[23]。就是说，现在原松江府农村中还会用到的这个"搵"字，同一千九百多前的"搵"，同词同音同义。可出版的那么多沪（吴）方言词典、著作，没有一本涉及此字。类似"搵"的例子都是记录在历史文献中的，还有很多，而这些，在上海中心城区早就消失了，但它们至今仍保留在农村，当然只能说是暂时保留在农村，因为现在的农村已不是原来的农村，房子拆了，土地没了，村民走了，上海方言消失的速度也正在加快。这就不是简单的会不会讲上海方言的问题了，也不能把学习、掌握上海方言简单地看作仅仅是便于口语交流的问题了。缺了上海方言传承这一块，海派文化、传统文化也就缺了重要的元素。

## 四

方言以后发展成什么面貌是一回事，但对方言，尤其是河流名、村宅名等地名方言的历史事实和现状变化等语言现象，今人要有记录，要有研究，把它从前人手里接过来，对后人好有个交代，这也是传承的一种方法。河流名"王家浜"的改名，粗看仅是一字之差，可一个流传了一千多年的河流名的古音，如果作为后人的我们对此没有一点记载，等于在我们手里断了线，方言和方言文化的传承从何谈起？

那么，我们该做些什么？各个层面有各个层面的任务和要求，对于参加过第一轮、第二轮修志工作的我来说，做自己能做的事，当务之急是抓紧收集、整理它们，为后人留下将来可资研究、参考的资料。为此，我做了两件事，第一件事是在我担任撰稿的《闵行区志1992—2011》[24]"方言"部分中，特别关注了当前上海方言使用中出现的两种主要变化，即一是"读音带有明显的普通话语音成分"，二是"普通话词语代替传统方言词语"，并重点选择了一百多

个词语，配以音标记入新编区志中，录以备忘，也为后人留下可资研究的微观资料。第二件事是，因我留意地名中"王"等一些字的读音久矣，历年来收集了不少资料。于是在以记载原松江府老方言、农耕社会老词语为特点的拙作《莘庄方言》"几个特殊的读音"一节中，在记载其他一些特殊读音的同时，特地把河流名和其他地名中"王"字的这个古音，及非地名中的"王""王头"等相关资料、相关词条记载了下来[25]。约58万字的《莘庄方言》2013年正式出版，在已经出版的上海方言、吴方言众多著作中，这是第一次涉及地方志记载地名"王"字古音的语言现象。当然，像"搵"这类历史悠久、流传有序的方言词语、特色动词，也收录了进去。全书共收词条9400多条，俗语、谚语等1076条，歇后语190条，还配了几十张实物照片，使之图文并茂，也可帮助理解方言词语。目的只有一个：为传承上海方言和方言文化，以及保存多元的文化痕迹和记忆做些力所能及的事，也想用自己的行动呼吁，要抓紧收集、整理包括河流、地名用词在内的传统方言读音、方言词语，此事做比不做好，早做比晚做好，多做比少做好，多些人做比个别人做好，而且做此事还要有点紧迫感、责任心，因为，包括沪语在内的方言和方言文化远离我们的速度正在加快。◈

---

**参考文献：**

[1]（清）钦琏.雍正分建南汇县志[Z].上海市地方志办公室编.上海府县旧志丛书·南汇县卷（上册）.上海：上海古籍出版社，2011：64.

[2]（清）宋如林等.嘉庆松江府志[Z].上海市地方志办公室编.上海府县旧志丛书·松江府卷（第六册）.上海：上海古籍出版社，2011：336.

[3]（清）金福曾等.光绪南汇县志[Z].上海市地方志办公室编.上海府县旧志丛书·南汇县卷（下册）.上海：上海古籍出版社，2011：622.

[4]（清）陈威.正德松江府志[Z].上海市地方志办公室编.上海府县旧志丛书·松江府卷（第一册）.上海：上海古籍出版社，2011：37.

[5]（明）郑洛书.嘉靖上海县志[Z].上海市地方志办公室编.上海府县旧志丛书·上海县卷（第一册）.上海：上海古籍出版社，2011：107.

[6]上海闵行区档案馆藏档.27—J，2—89.

[7]上海市南汇县县志编纂委员会.南汇县志[M].上海：上海人民出版社，1992：卷首.

[8]上海县县志编纂委员会.上海县志[M].上海：上海人民出版社，1993：187，427.

[9]《上海地名志》编纂委员会.上海地名志[M].上海：上海社会科学院出版社，1998：80.

[10]《闵行区地名志》编纂委员会.闵行区地名志[M].上海：上海社会科学院出版社，2000：250.

[11]上海县杜行乡《杜行志》编写组.杜行志[M].上海：上海社会科学院出版社，1991：25.

[12]上海县水利局.上海县水利志[M].上海：上海社会科学院出版社，1994：47.

[13]（汉）许慎.说文解字[M].北京：中华书局，1963：9.

[14]（清）朱骏声.说文通训定声[M].北京：中华书局，1984：917.

[15]黄炎培.民国川沙县志[Z].上海市地方志办公室编.上海府县旧志丛书·川沙县卷（下册）.上海：上海古籍出版社，2011：911.

[16]松江县九亭镇人民政府.九亭志[M].上海：上海社会科学院出版社，1993：27.

[17]（明）方岳贡.崇祯松江府志[Z].上海府县旧志丛书·松江府卷（第二册）.上海：上海古籍出版社，2011：152.

[18]（清）沈复.浮生六记（外三种）.武汉：长江文艺出版社，2011：28.

[19]（明）冯梦龙.明清民歌时调集[M].上海：上海古籍出版社，1987：272.

[20]韩邦庆.海上花列传[M].上海：人民文学出版社，1982：225.

[21]海上漱石生.海上繁华梦（附续梦）.上海：上海古籍出版社，1991：879.

[22]褚半农.明清文学中的吴语词研究.上海：上海辞书出版社，2008.

[23]陈传德.民国嘉定县续志[Z].上海市地方志办公室编.上海府县旧志丛书·嘉定县卷（第四册）.上海：上海古籍出版社，2012：2874.

[24]上海市闵行区地方志编纂委员会编.闵行区志（1992—2011）.上海：上海人民出版社，2018.

[25]褚半农.莘庄方言[M].上海：学林出版社，2013：5，180.

理论研究
Theoretical Study

# 深情难忘征途上的"非遗人"

## ——读《非遗碎墨——张庆善非遗保护文集》有感

葛玉清

理论研究 Theoretical Study

2024 年是中国批准加入联合国教科文组织《保护非物质文化遗产公约》的第二十年。二十年来，无数"非遗人"以蓬勃的豪情、卓越的智慧和顽强的毅力，为中国非遗保护事业无私奉献，他们勇往直前的精神不断激励着后来人。

2008 年盛夏的一天，我和两位新入职的同伴敲开中国艺术研究院四楼一间办公室的房门，迎接我们的是一位体态略胖、和蔼可亲的长者，他就是时任中国艺术研究院党委书记、副院长，中国非物质文化遗产保护中心常务副主任张庆善。他询问了我们各自的情况，鼓励我们好好工作。这次交谈让我对即将从事的新工作有了信心。

一晃十五年过去了，当我拜读张庆善所著《非遗碎墨——张庆善非遗保护文集》（文化艺术出版社 2020 年出版，以下简称《非遗碎墨》）时，耳畔又响起张庆善的谆谆教诲。多年来，他组织指导的一次次重要活动，撰写的一篇篇富于哲理和深邃思想的讲话，不仅是对中国非遗保护事业开创和发展的忠实记录，也为今后的非遗保护工作提出方向性见解。书中收集 38 篇（含《代序》）张庆善多年来在各类会议、论坛上的发言和文章，虽然每一篇主题不同，独立成章，但当认真读完全书后，却感到其中有着严谨的内在联系和缜密的逻辑关系。作者将此书谦称为"碎墨"，实则堪称一部"中国非遗二十年"早期发展史，是张庆善在十多年的知识积累与思考中，对非遗保护与传承的历史地位和健康发展的经验总结。

## 一、历史钩沉　岁月亦"燃情"

首篇《亲历非遗保护"燃情"的岁月》以"代序"形式出现，是一篇倾吐心声、回忆往事、充满情感的美文。娓娓道来的叙述，看似平静如水，实则是在记录着一场场智慧与较量的"博弈"；作为中国非遗保护事业兴起的亲历者，他和战友们"过五关，斩六将"似的拼杀，确立非遗在国家、国际文化遗产殿堂的地位。文章中，作者如同面对挚友掏着心里话："搜集这些文稿的过程，心中可谓五味杂陈，是激动，是幸福，是甜蜜，是惆怅，还有伤感等都在其中，当然主要还是骄傲和自豪，是成就感，是责任感，是使命感。"（《非遗碎墨》第 1 页，以下直接标注页码）在学界，张庆善是知名的红学专家，但是"组织上需要就要义无反顾地执行"是他的原则。他写道："我的一生中有两件事在心中的分量最最重，一是红楼梦研究，二是非物质文化遗产保护。我对非遗保护工作始终给予深深的感情。"（第 1 页）他总是自谦地说"我是非遗保护工作中一个比较重要的参与者"（第 1 页）。就是这位参与者，以对历史负责的态度，推动着中国非遗保护事业的探索与前行，叙述着中华优秀传统文化走向世界舞台的故事。

1. 立根：中国非遗保护事业的开启

继 2001 年和 2003 年昆曲、古琴艺术被列入联合国教科文组织"人类口头和非物质遗产代表作名录"后，中国开启非遗保护之路。也是在 2003 年，中国艺术研究院承担文化部启动的"中国民族民间文化保护工程"，为中国非遗保护事业的开创奠定基础。同年，中国艺术研究

作者简介：葛玉清，中国艺术研究院研究员、联合国教科文组织亚太地区非物质文化遗产国际培训中心培训部主任。

院成立"中国民族民间文化保护工程国家中心"和"非物质文化遗产研究中心"，2005年合并为"中国非物质文化遗产保护中心"，中国艺术研究院院长王文章兼中心主任，张庆善兼任常务副主任。

书中，作者完整记述了2005年国务院办公厅颁布的《关于加强我国非物质文化遗产保护工作的意见》和《关于加强文化遗产保护的通知》两份文件的意义，认为"这两个文件的基本原则和基本精神，一直指导着我国这些年的非物质文化遗产保护工作。我认为这两个文件制定的非物质文化遗产保护工作的基本方针、工作原则、指导思想至今也没有过时"（第4页）。

2. 传播："拓荒者"播撒非遗保护的火种

《非遗碎墨》中的故事印刻着中国非遗保护事业五彩路上无数个"第一次"。

2006年2月12日（正月十五），由文化部等部门主办、中国艺术研究院具体承办的中国有史以来规模最大、影响最大的一次非物质文化遗产保护成果展览"中国非物质文化遗产保护成果展"在中国国家博物馆举办；6月10日，中国第一个"文化遗产日"的晚上，民族文化宫举办非遗专场演出；7月13日，在"国家非物质文化遗产保护工作专家委员会第一次会议"上，68位委员献计献策。书中还描述了同年9月14日，"中国非物质文化遗产保护中心"在中国艺术研究院举行挂牌仪式的盛况，这个中心"依托中国艺术研究院强大的科研力量，团结联系全国的非物质文化遗产保护工作的同志和专家学者，在推动我国的非物质文化遗产保护工作中发挥了重要作用"（第11页）。

然而，更令作者激动不已的是2007年4月16日，在联合国教科文组织总部举办的"中国非物质文化遗产艺术节"，"不仅是第一次把中国非物质文化遗产及其保护成就在联合国教科文组织的舞台上向全世界生动展示，也是联合国教科文组织有史以来第一次邀请一个国家在其总部举办非物质文化遗产展演活动"（第10页）。此外还记录了2009年11月在中国台湾举办的"守望精神家园——第一届两岸非物质文化遗产月"活动。这是海峡两岸恢复往来20多年来，规模最大、内容最为丰富、意义最不平凡的活动，在海峡两岸文化交流中具有里程碑意义。

3. 弘扬：中国非遗保护力量的国际彰显

国家对非遗保护工作的高度重视和大力支持，激发着非遗工作者们的满腔热情。书中写到中国与蒙古国联合申报"蒙古族长调民歌"时，看到老一代非遗奠基人的政治智慧与巧妙运作。作者回忆2005年与同事驱车奔往呼和浩特商谈非遗项目申报、保护工作，文化部和驻蒙古国大使馆积极协调两国文化代表的互访……终于两国联合签署向联合国教科文组织申报、具有国际意义的文件。人类文化共存、共发展得到完美地诠释。让我们看到每一个环节都体现着前辈们的大国胸襟、崇高的艺术情怀与历史使命担当。当时，两个国家联合申报的非遗项目非常少见，因而受到联合国教科文组织重视，于是"中华人民共和国、蒙古国蒙古族长调民歌联合保护协调指导委员会和专家工作组"应运而生。这个源远流长、没有国界的非遗项目，成为人类命运共同体的一个组成部分，呈现在世界舞台。

2009年，联合国教科文组织取消申报"人类非物质文化遗产代表作名录"的名额限制。《"申遗"与"保护"》一文，详细讲述了中国代表团在教科文组织政府间委员会上据理力争，为国家争取申报名额时辩论的场景，展现了中国非遗保护事业发展史上打动人心的壮举。作者感到，这次申报之所以取得成功，就是因为中华民族拥有悠久的历史和灿烂的文化，身后依靠着强大的祖国。

随着中国非遗保护工作的深入发展，我们既需要承担起文化大国的责任，又需要国际社会了解中国非遗保护经验和成果。作者记录"联合国教科文组织亚太地区非物质文化遗产国际培训中心"（以下简称"亚太中心"）的成立过程，这是我国第一个经国务院批准在华建立的、由教科文组织支持的非遗领域的国际性机构，也是唯一由文化和旅游部与教科文组织共同设立的国际性机构。从2007年文化部正式致函联合国教科文组织提出在中国建立亚太中心的申请，到2010年中国艺术研究院举办亚太中心揭牌仪式，再到2012年亚太中心正式运行，其间倾注无数位专家学者的智慧与心血，作者评价道："在我国建立的亚太中心是我国在非物质文化遗产保护领域积极开展地区和国际合作的

理论研究 Theoretical Study

重要平台，为亚太地区非物质文化遗产保护工作揭开了崭新的一页，对在联合国教科文组织《保护非物质文化遗产公约》框架下开展亚太地区多边合作，维护亚太地区文化多样性和创造性，促进人类共同发展具有重要意义"（第14—15页）。

**二、艰难磨砺 "碎墨"终成金**

通过全社会的努力，在具有中国特色的非遗保护制度框架下，蕴含历史、文化和科学价值的非遗得到有效保护、传承和发展。国家政策的有力指引，各级政府通力配合，非遗保护工作逐步走向正轨。但是，当非遗事业发展到一定阶段时，非遗工作者队伍需要完成从一个"拓荒者"向"建设者"的转变，这需要勇气与坚忍，需要辩证思维与智慧。非遗保护事业如何发展，保护什么？为什么保护？以什么方式保护、传承？成为作者深入思考的问题。他收起斩获丰硕成果的喜悦，走上探索非遗"密境"之路。

1. 抢救性记录：留住非遗"生命"的记忆

在历史发展进程中，非遗的抢救与保护是不可间断的课题，这是由非遗项目传承规律所决定的。但是，传承人老龄化、后续乏人等问题，使许多技艺面临失传或濒临绝境。2015年，文化部印发《关于开展国家级非物质文化遗产代表性传承人抢救性记录工作的通知》，全面启动抢救性记录工作，对项目的内容与表现形式、流变过程、核心技艺和传承实践进行全面、系统、专业的记录。关于这项承前启后的工作，作者从四个方面分别探讨启动这项工作的原因、目标和工作特点，包括做好记录应注意的问题。

人是非遗保护的核心，是延续非遗"生命力"的关键。2015年，在纳米比亚召开的联合国教科文组织《保护非物质文化遗产公约》政府间委员会第十届常会上通过《保护非物质文化遗产的伦理原则》第二条，明确指出："社区、群体和个人继续其各种实践、观念表述、表现形式、知识和技能以确保非物质文化遗产存续力之权利应得到承认和尊重。"第四条提出："与创造、保存、维持和传播非物质文化遗产的社区、群体和有关个人之间的所有互动，应以透明合作、对话、谈判和协商为特征，并以自愿、事先、持续和知情同意为前提。"面对传承人记录

工作中的问题，作者结合实际提出指导性的建议，既强调在实践中要严格按照"工作规范"和"操作指南"开展记录，又特别强调记录人"对传承人及其项目要求全面深入地了解"，"要带着对传承人的尊重、彼此的信任和深厚的感情来做好抢救性记录工作"（第64页）。

2. 文化生态保护区：建造非遗"生存"整体环境

基于非遗的本质特征及其生存环境的需要，具有中国特色的文化生态保护区应运而生。作者从概念和学理的层面阐述何为文化生态保护区："非物质文化遗产主要是靠人来传承，因此必然要依存于一定的自然和人文环境，离开了特定的自然和文化生态环境，非物质文化遗产也就失去了存活的土壤。建立这样的文化生态保护区，是以非物质文化遗产保护为核心，而对区域内的文化生态进行整体保护"。（第70页）作者利用一切机会向国外同行介绍建立文化生态保护实验区是中国保护非遗的一项重要举措，不仅不会干涉项目持有者的权利，反之政府出台相关的政策法规，包括资金的投入都是为了更好地保护这些非物质文化遗产的生存，为传承人传承提供有力的保障。（第13页）

非遗的保护传承需要扎实牢靠的经济基础，而文化生态保护区正具备这个强大的功能，为非遗及其传承人提供生存、发展的物质需求空间。如今，全国已经设立国家级文化生态保护区16个，国家级文化生态保护实验区7个。她们是非遗保护进程中重要的"中国成果"，是向世界展示"中国经验"的生动名片。

3. 非遗融入生活：培育民众的文化自觉

随着城镇化进程的加快和多元文化的冲击，文化生态发生巨大变化，人们的生产生活不断发生改变，非遗的社会功能被新的生产生活、文化娱乐方式取代，生存空间逐步减少，甚至消亡。面对时代的挑战，如何认识非遗在城乡环境中的动态性质，将散落于民众生活中的民俗、工艺、相关实物等非遗事象引入百姓视线、融入百姓生活，培育民众的文化自觉，引领新时代的文化自信，是作者一直思考的问题。

回顾二十多年前，从举国上下对"人类口头和非物质遗产代表作"认识不足，到"中国的非遗保护工作才开始有了一点儿'文化自觉'"，作

者在谈到"南京云锦"的保护时，认为任何非遗的保护，都离不开一定的生存环境，这就是生活的需要。非遗是活态传承，它在当代的生活中"活"起来，才能生存下去，才能传承发展。（第151页）

在作者心中，非遗和老百姓的生活息息相关，和文化认同息息相关，与人民的情感息息相关。他为理想的非遗保护传承描绘了一幅文化蓝图：举国上下都重视我们的遗产，就像我们的口号"保护文化遗产，守护精神家园"，真正形成一种全社会的共识，使我们的社会把传统文化融入现代化的生活，使我们能脚踏实地站在中华民族的根基上发展。（第145—146页）

### 三、直面现实　解决矛盾寻路径

矛盾存在于一切事物之中。一切从实际出发解决矛盾，是任何一个时代和任何人需要面对的命题。书中多篇文章从不同程度、不同角度对如何正确处理申遗与保护、保护与利用、保护与创新的关系，反复做了论述，为非遗的"今天"与"明天"指引方向。

1. 申遗与保护

截至2023年年底，中国已有1557个国家级代表性项目，认定3057名国家级传承人，入选教科文组织名录名册项目达到43项，位居世界第一。面对成绩，非遗保护事业依然任重而道远。在《"申遗"与"保护"》中，作者从国际和国家层面分别阐释了为何要保护非遗。国际层面，他谈到四点认识：第一，非遗是人类文化多样性的生动体现；第二，非遗是人类创造力和智慧的结晶，是人类社会可持续发展的重要保证，具有重要的历史和文化价值；第三，非遗是密切人与人之间的关系，以及他们之间进行交流和了解的重要渠道，它的作用是不可估量的；第四，在经济全球化和社会转型进程中，非遗面临损坏、消失和破坏的严重威胁。在国家层面，作者从遗产价值、文化主权、文化认同、民族凝聚力等角度做了详尽解析。（第7页）

对于"申遗之后怎么办？"的问题，作者坚守非遗本体特性，从哲学的角度进行思考，在理论与实践的结合中找出问题的症结，尖锐指出"重申报，轻保护"的问题实质，并提出：制定科学的保护计划和具体实施方案；继续对列

入各级非遗名录的项目进行深入挖掘和整理，采取文字、图片、录音、录像等方式，全面记录非遗项目的各种珍贵资料；征集各种珍贵实物，并建立档案，妥善保存；加强非遗保护的督查工作，加快推进文化生态保护区建设，加强宣传和教育，努力营造全社会关心、支持非遗保护的良好氛围；积极推进非遗进课堂、进教材、进校园。（第14—15页）在他列出的这张"课程表"上，我们看到还有一项项工作有待落实，不能有丝毫懈怠。

2. 保护与利用

非物质文化遗产不同于物质文化遗产，它是一种独特的文化形态。它不是凝固的、静止的，它重视人的价值，重视活的、动态的、精神的因素，其表现和传承都是一个活态的过程。作者强调在保护中一定要了解和尊重非遗的特性和规律性，在保护和利用的关系上，保护永远是第一位的。（第18页）面对合理利用的问题，他提到在经济利益驱使下过度开发的情况，特别提及非遗与旅游的问题：如何处理好旅游与非遗保护的关系，就是一个难题，甚至是一个世界性的难题……如果我们处理不好发展旅游事业与保护非遗的关系，那么旅游业越发展对非遗的破坏就越大。（第37—38页）

在防止非遗保护工作走偏的问题上，他根据多年经验，指出"许多非物质文化遗产项目具有商品的属性，可以通过市场获取经济利益。但问题是，经济价值并不是非物质文化遗产项目的唯一的价值，甚至不是主要价值。它的主要价值在于它的文化内涵、精神层面及民族情感的凝聚上……我们提出生产性保护，也是为了使非物质文化遗产项目在今天能更好地生存和发展"（第37页），其目的是得到保护和发展，让更多的人认识它、喜爱它。"不是所有的非物质文化遗产项目都适合生产性保护……有些传统手工艺可以进行生产性保护，一些表演项目如曲艺、舞蹈、戏曲等，也可以进行演出，但有些项目如仪式、风俗习俗是不能进行'生产'的。"（第20页）他诚恳地告诫，不要为了眼前的利益而丢掉长远的利益，丢掉"灵与魂"，要有敬畏、敬重之心，要有崇高之感。

3. 保护与创新

随着联合国《变革我们的世界：2030可持

续发展议程》在全球范围的落地实施，国际社会逐步认识到文化是可持续发展的驱动因素，且能够支持社会经济发展和社会包容。

直面非遗保护工作的问题，作者没有局限于单纯的保护，而是从发展的角度看待问题。经济全球化背景下，社会的发展，人们生活方式、生产方式的改变，使建立在农耕文明基础上的非遗，面临加速消失的严重威胁。由此，他针对非遗创造性转化和创新性发展的问题，提出寻求非遗保护的时代途径："一是非遗项目活态传承的保护理念；二是非遗项目要与人们的生活、与人们的现代生活密切关联；三是要提升人们的生活品味和审美情趣；四是要在理论与实践的结合上，解决保护与创新、发展的关系，实现非物质文化遗产的创新性发展和创造性转化，以适应时代和社会的多方面需求，满足人们对美好生活的向往"。（第47页）他还强调创新发展不能以破坏非遗为代价，不能丢掉优秀传统文化的根基。（第48页）

通读全书，我们感受着张庆善对非遗的

"爱"与"情"。在时光的痕迹中，记录非遗保护事业的奋斗历程；在缜密的思考中，为我们解答非遗保护的时代问题。同时，我们为一位位敢打硬仗、会打大仗、能打胜仗的"非遗人"所感动。张庆善把十年间与他共同度过"燃情岁月"的每一位同志、每一名青年，都铭刻在脑海里，在《非遗碎墨》中，就出现过几十位新老"非遗人"的名字。书中倾注了他的真实感情，倾注了他对同事的友谊、对晚辈的关爱、对逝者的不尽怀念。让我们感到，不论做什么工作，都要满腔热情地投入；不论处于何种境地，都要有排除万难之气魄；不论面对任何人，都要以诚相待，宽以待之。在每一次荣誉与鲜花掌声面前，重新感悟"众人拾柴火焰高"的道理。

读罢《非遗碎墨》，感慨系之，艰辛的历程，苦中有乐，忠实地记录，写就中国非遗事业初创十年间的宏大史诗。智者之思，师者之想，拓荒者之盼，播种者之望。张庆善和前辈们用"碎墨"铺就非遗路上的彩色路，我们后辈人在师者们的带领下，乘风破浪，阔步前行。◈

---

（上接第15页）

牵挂的太多，太累了！王峻把所有的能量都给了事业，给了工作，给了战友，给了朋友，以致他都没有能量去战胜疾病了，太劳心劳力了！

**五、我欲乘风追去**

王峻离开我们，我非常难过，一想起他的音容笑貌，想到他种种的好，想到他心中只有工作，只有他人，唯独没有他自己，我就气喘不过来。他肩负的责任太重，心里牵挂的太多，为国为民，鞠躬尽瘁。

我翻看与王峻秘书长的微信时摘录了几句：
"是您给了我们鼓舞与激励！
我希望成为您这个伟大战士的战友！
读您最近文章有感而发！
您是大家学习的榜样！
已然是丰碑了。但是，依然恳请并祝福您任何时刻都要保有生命的希望与力量，为非遗文化事业创造出更多的优秀篇章！

身体第一。您的身体不仅是自己的。保重！保重身体！上苍一定会爱护努力奋斗的人的！您任何时候都要有信心！"

他语重心长，谆谆告诫，他提醒老王，要保重身体，你的身体不仅是自己的，上苍一定会爱护努力奋斗的人的！可是，伟大而有情怀、有担当、追求卓越的王峻却忘我工作，奋不顾身，英年早逝，天妒英才哪！

王峻的高尚品格，忘我奉献精神，是无声处的响雷，它激励着淅川人民不断追求卓越发展。他胸怀大局，呕心沥血，殚精竭虑，带领淅川工作组和广大援川工作队员，忠诚尽职担使命，奋勇争先谋发展，为巴蜀大地注入福泽深远的浙江力量，为四川人民送去满满的前进信心和获得感、幸福感。

"我将无我，不负人民"！习近平总书记的教诲，成为王峻同志高尚品格和无私奉献的写照！◈

# 女性空间视阈下明代凤舟竞渡文化研究

卢 洋

理论研究 Theoretical Study

**摘 要**："洪湖凤舟"是湖北省第三批公布的非遗名录项目，凤舟与"端午"和"女性"等传统民俗结合方能呈现其仪式美术的功能，在女性空间视角下，明代凤舟竞渡文化存在从来缚到自由的突破，呈现女性话语权从封闭到开放的场域传播转向，凤舟竞渡图像出现从宫廷范式到民间个案的转变，从绘画到工艺的媒材转向，女性空间的界域得到突破，出现从精神到器物场域的媒材转向，展现从艺术到生活的多元与质性发展历程。

**关键词**："洪湖凤舟"；女性空间；明代绘画；凤舟竞渡；图像叙事

2011 年，"洪湖凤舟"列入湖北省第三批公布的非遗名录项目。凤舟不仅是荆楚地区凤图腾崇拜的象征符号，在中国古代历史与文化的发展中逐渐成为女性文化的典型代表之一，凤舟与"端午"和"女性"等传统民俗的结合方能呈现其仪式美术的功能。[1]近年来，学界开始关注"端午凤舟竞渡"研究，然而研究者热衷于研究以龙舟竞渡为主的男性题材绘画作品，极少涉及凤舟竞渡女性题材绘画，缺乏对端午龙舟与凤舟竞渡中女性形象的深入研究，导致端午龙舟竞渡单一范式定义，形成人们观看端午竞渡题材绘画作品思维定式，误导了人们观看作品的解读与欣赏重心，造成对古代女性参与端午竞渡关照的缺失。本文以国内外博物馆藏明代凤舟竞渡图像的文物作为主要分析对象，引入"女性空间"概念，将研究聚焦到作品本身，去思考凤舟竞渡女性题材绘画艺术的核心因素，从画面的构成、意义的产生、历史的对话，以及作品与观者间的互动，[2]客观解读明代凤舟竞渡的女性图像空间，从整体图像空间的视角对明代女性参与端午凤舟竞渡进行历时性考察，研究有利于厘清我国端午竞渡文化谱系中的明代凤舟竞渡形态分支，立体地呈现明代凤舟竞渡文化表征。

## 一、从文字到图像：女性话语的在场与觉醒

明代宫廷龙凤竞渡主要出现在存世《帝鉴图说》的黑白版画本与彩色手绘本之中，本研究选取两个对照版本，一个是法国国家图书馆藏本 *Recueil Historique des Principaux Traits de la Vie des Empereurs Chinois*（《彩绘帝鉴图说》），共两册，内含彩绘故事画 95 帧（有中文题签）。其中插图大致绘制于明末清初，传入欧洲后添加了法文注释，并按照西方图书装订方法黏合成册（以下简称"法藏本"）。另一个是日本宫内厅书陵部藏明万历元年潘允端刊蝴蝶装本（以下简称"日藏本"）。明代宫廷凤舟竞渡从黑白到彩色的绘画媒材发展中充满着活力、变革和丰富性，这两种作品传达着明代女性话语在场与觉醒的文化张力，目前尚未发现女性空间视角深入两种作品中凤舟竞渡的解读。

1. 宫廷巡游仪式空间的女性在场

由于文字与图像解读之间的割裂，凤舟在宫廷巡游仪式空间中的女性在场产生。"游幸江都"作为帝王教材，既要以史明鉴，又要体现教化立意。凤舟在营建宫廷巡游等级化的权力空间体系中产生。

日藏本下卷第 27 帧"游幸江都"，引用《资治通鉴》"隋记四"中关于隋炀帝游幸江都记载，

**基金项目**：本文系湖北省教育厅哲学社会科学研究指导性项目"图像学视角下荆楚非遗文化溯源与特质研究——以'荆楚凤舟为例'"（项目编号 21G243）的阶段性研究成果；武汉职业技术学院校级科研一般项目"文化空间视角下荆楚体育非遗的高职创新实践进路研究"（项目编号 2022YR051）的阶段性研究成果。

**作者简介**：卢洋，武汉职业技术学院体育美育工作部副教授。

而作品并未根据史料文字予以翔螭舟螭龙（即皇后所乘凤舟）造型的刻画，取而代之的却是凤舟造型。此"游幸江都"版画为黑白线稿，对于巡游龙舟的描绘部分笔墨略多，例如骑兵护送、挽士拉纤、官员随乘等，而对于巡游凤舟的描绘部分笔墨略少，例如顺风扬帆而下的凤舟没有挽士拉纤部分，仪仗部分也没有官员迎驾、号角开路等环节。龙舟和凤舟共同展现出宫廷巡游仪式，图像虽然意图通过龙凤同游暗喻奢靡，但没有表现出男尊女卑的观念，从另外一个层面体现出龙凤呈祥的寓意，而且龙凤同游是皇家权力不可或缺的一种表征，自此凤舟所代表的女性形象得到彰显。

### 2. 凤舟女性空间表征的刻画

法藏本针对凤舟图像的女性化特征进行仔细描绘，建立巡游叙事的凤舟女性空间，凤舟不仅将自身作为巡游景观，而且进一步转化为宫廷权力事件的主体，借由女性空间的刻画成为政治、教喻功能的表征。

彩绘本的作者或许是参考借鉴明代或其他朝代的生活化情景，希望借助丰富色彩进一步描绘龙凤舟巡游的图像蕴意，而且作者并未想在如此小的场景构图中放下庞杂的巡游内容，意在通过龙舟、凤舟两个主题来展现局部的奢靡，给予观者更多的想象空间。

法藏本第 27 帧"游幸江都"图，与日藏本大体一致，区别之处在于前者以彩色绘本形式出现。从船上太阳旗帜可知绘者表现该版画所描绘的时代为明代；针对龙舟与凤舟描绘主要通过颜色细节进一步区别，龙舟以黄色为主色辅以红色，凤舟以青绿为主色辅以黄色和红色，其意之一也在于区分皇帝男性与皇后女性所各自代表的性别；关于皇后所乘凤舟，制度虽略小于龙舟，但同样华丽。此画左上角为双桅杆凤舟造型，有帆风向从左往右，双层形制，为游玩之舟，凤首粉面红喙，凤身青绿，展翅形态，凤尾约为五根，流线弯曲朝上，船内均为赏玩女眷。这也是明代宫廷对于凤舟图像为数不多的彩色刻画。

### 3. 从文字失位到图像归位的女性觉醒

宫廷龙凤舟同场巡游不仅打破传统文字叙事与图像叙事之间的平衡，而且形成从文字失位到图像归位的女性觉醒。龙凤同场巡游的黑白图像首先打破了以男性为主体单一龙舟巡游的平衡，彩色图像进一步展现凤舟巡游的女性空间，不仅形成从女性在场到男女同场再到女性展现的性别场域转变，而且在巡游图像从宫廷向民间传播的场域转化中，凤舟由严谨教条逐渐转向灵动生活的方向发展。

张居正编撰的《帝鉴图说》是一个转折，在此之前的版画整体较为粗糙、造型呆板、线条生硬，且结构布局单一，死板不够灵活，该版画却是一次彻底的有组织有策划的官方行为，它也是集明朝一代首辅、次辅之功，它的畅销已不需要文坛领袖作注、写序，也不需要书商的奔走相传。《帝鉴图说》的版式一改之前图嵌于文中布局，变为整张插图单独一页，增加了更多图像细节刻画的空间，彩色绘图版一定程度上以色彩弥补了黑白版画细节刻画得不够细致等问题，不仅从直观的视觉上反馈富丽堂皇的皇家龙凤舟船巡游空间，而且对龙舟男性权利化的情景与凤舟女性秀丽化的情景进行了更为细致地描绘，用图像细节丰富了龙舟、凤舟的记载史料。在明代端午竞渡仪式文化空间中，凤舟不仅承载女性，而且也作为女性端午竞渡主要表征符号。凤舟巡游无形之中承载明代官方的顶层宣传与引导功用，凤舟巡游仪式虽承载隋朝奢靡之过，但明朝却可以合乎规范与礼仪之用，所以《帝鉴图说》将宫廷龙凤巡游从教化推广到民间传播，同时也为宫廷与民间的凤舟竞渡提供繁荣发展的历史契机。

## 二、从封闭到开放：女性话语权的建构与传递

明代端午宫廷竞渡图像从皇宫到民间发展进程中形成女性话语权的建构与传递。故宫博物院研究员单国强表示，仇英《清明上河图》见于画史著录仅有三本：一为《石渠宝笈续编》乾清宫藏、现藏于辽宁省博物馆（以下简称"石渠本"）；二为《石渠宝笈初编》重华宫藏，现藏于台北故宫博物院（以下简称"台北本"）；三为吴荣光《辛丑销夏记》、裴景福《壮陶阁书画录》著录，现藏于国内私人手中（以下简称"辛丑本"）。"辛丑本"为仇英手迹。被公认为是最好、最精美视作真迹的是"石渠本"。"台北本"被《石渠宝笈续编》著录列为"次等"，已公认属于临仿本。[3]

这里将研究视角聚焦于这三种不同版本中涉及的凤舟竞渡场景图像，对凤舟竞渡整体图像中刻画的女性、相关宫苑建筑营造等细节进行解读。

1. 女性话语权的暗喻与指代

权力的疏放给予了女性园林空间的放大，"石渠本"一方面试图通过皇帝的不在场弱化男性对女性空间的主导权力，另一方面通过大面积的以自然为主的园林景观、女性为主参与的龙凤舟竞渡强化女性的主位价值序列，暗喻在宫苑场域话语权的疏放，凤舟竞渡成为女性的指代。

"石渠本"在总体构图经营上沿袭张择端《清明上河图》的模式，即郊外—虹桥—城外—城内大街的模式，但增加封闭的宫苑部分（如

图1）。图像中红色带舫的龙舟、凤舟在靠近宫苑水榭处相对而立，其中凤舟掩映于画面草丛水面中，未见舟中划舟之人；龙舟中八名站立侍女，双人执固定单桨划舟，龙舟体型略大于凤舟，舟首尾分立蓝黄两旗帜，宫苑中除描绘两名侍女外并未见其他人，图像中红色龙凤两舟在封闭的宫苑之中显得十分醒目，其孤寂之气又与宫苑之外市井喧嚣之气形成强烈的反差，或许传递的是皇家端午后宫与女眷秘不示人的法度，抑或在暗喻作者对当朝政治实事的理解，抑或对明代宫廷端午竞渡范式的指代，南京博物院藏明代佚名《北京宫城图》中，西苑湖面上就有两艘红色的龙凤舟。

图 1 "石渠本"局部图

2. 女性话语权的构建与互动

宫苑内的龙凤舟竞渡活动由主龙舟和凤舟共同主持，凤舟并不屈居于龙舟之下，同样拥有着竞渡活动仪式的决定权，宫苑竞渡图像叙事朝向女性话语权的构建与皇权的互动方向发展。女性在竞渡中的出场与叙事，也同时使得宫苑竞渡的物理空间获得女性化空间的特征。

"台北本"在总体构图经营上与"石渠本"基本相同，但宫苑部分是开放模式，与城内大街相连通。其重彩设色是别的作品所没有的。"辛丑本"将主持竞渡仪式的龙舟与凤舟，竞渡的龙舟与虎舟刻画更为清晰传神。图2与图3的宫苑竞渡画面中共有五艘竞渡之舟，有三艘龙舟、一艘虎舟、一艘凤舟。除部分竞渡之舟、建筑色调略有区别之外，两图中五艘竞渡之舟造型、位置基本一致，紧邻拱桥右手边的四面歇山顶水殿造型也基本一致。

"辛丑本"的右下图，龙舟不仅位于整体画面最左端，而且龙舟体型最大，仅该舟中之旗帜为大明红日白旗，其意或表明为主舟，而且舟中执桨之人均执黑色船桨，画面只见黑色桨柄未见宽大桨身，且面朝岸方向不似其他竞渡船中执桨朝前竞渡之人，或为停舟与调整竞渡之舟方向之意。"辛丑本"的左下两图中，凤舟露出大半个舟身，在拱桥的右侧靠里的位置，凤舟四名执桨侍女面朝右侧桥洞方向，均执黑色船桨，画面只见黑色桨柄未见宽大桨身，似作停舟状。凤舟之舟凤首嘴衔如意（或灵芝），其他几艘竞渡之舟均朝凤舟方向驶去，最先夺标之舟将获得——凤舟嘴衔之如意（或灵芝），有祛除百病的意思，寓意祥瑞来到，事事如意，是有凤来仪的组合题材。从图4所有竞渡舟首之下的水面波纹细节描绘来看，除龙舟和凤舟之外，其他三艘竞渡之舟皆展现破浪奋进之势，这两处细节的描绘将宫苑竞渡的动与静清晰生动地展现出来。

图2 "台北本"局部图

图3 "辛丑本"局部图

"台北本"更多的是对"辛丑本"的模仿，而未将主持竞渡仪式的龙凤舟和竞渡舟的竞渡细节合理且明晰地描绘出来。

3. 女性话语权的传递与营造

仇英将宫苑、女性、竞渡活动并置于同一图像场景之中，以凤舟为引子传递着竞渡仪式的女性空间叙事起点，指引着宫苑女性叙事和女性空间营造。

图2的右图中凤舟成为引子，皇帝所处的水殿，围绕水殿和廊桥的龙舟、虎舟竞渡为叙事主线，太湖石与水殿建筑、植物景观共同辅助展现明代宫苑的审美与雅趣，虽然宫苑之中仅皇帝一人，但图像细节叙事无处不在地通过宫苑园林和女性活动的在场，放大女性空间的话语权书写。作者首先建立一段竞渡活动的主线，起始位置从廊桥与凤舟开始至挂大明红日

白旗的主龙舟为止，按照从右往左的观看顺序是凤舟、龙舟一、虎舟、龙舟二、主龙舟，主龙舟与凤舟不参与竞渡夺标，其主要作用是建立竞渡夺标仪式活动的起止点。然后以水中竞渡之舟、宫苑建筑群体、宫苑人物活动等共同营建整体明代宫廷端午竞渡的女性空间。围绕着宫苑竞渡，作者在竞渡空间营造上分为两个有机部分，以靠近廊桥皇帝为主的水殿为一部分，以皇后为主的水殿为另外一部分。

以皇帝为主的水殿中座位空置，靠右侧大门边站立太监一名，水殿外右侧皇帝面朝凤舟与廊桥方向，面前左右各立一男女执扇侍者，其余环绕水殿女眷欣赏竞渡情形，廊桥上的龙凤砖雕十分醒目，在皇帝所处水殿与廊桥之间的水中耸立巨大太湖观赏石景，与水殿左侧太湖观赏石景共同组成水中环绕石景。以皇后为主的水殿之中，除执扇侍者之外其余均为女眷，皇后位于殿中顶楼位置，皇后在女性乐师与舞者的环绕之下面向池中竞渡主龙舟方向，其余女眷或在室外游戏，或在室内赏画，位于岸上水殿中的太湖石要小很多，与皇帝水殿形制形成反差。

4. 女性话语权从封闭到开放的场域传播转向

仇英通过《清明上河图》中凤舟竞渡串联宫苑的女性空间叙事，形成女性话语权从封闭到开放的场域传播转向。女性参与凤舟竞渡仪式的话语权场域，疏放男性主导权力，强化女性参与权利，传递审美，影响宫廷竞渡为主的女性空间营造，为明代凤舟竞渡提供女性书写的范本。

"石渠本"虽不是仇英手迹，但是作者通过封闭宫苑场域皇帝的不在场疏放男权，而且在"台北本"和"辛丑本"中都增加了与城内大街相连通的宫苑部分，作者不但开放了宫苑场域，还通过增加女性活动空间、刻画女性活动细节、强化女性竞渡权力，造成皇帝场域与女性活动空间的明显差距，进一步弱化男性主导对于女性活动参与的影响，通过女性空间的描绘达到女性参感逐渐由弱到强的传播转向。

"辛丑本"在向观者呈现明代姑苏人文景观时，仇英不仅展现宫廷龙凤端午竞渡习俗，而且虎舟竞渡也首次在明代端午竞渡图像中出现，在某种程度上传递了明代宫廷竞渡场域中以虎舟为代表的竞渡舟船参与的多元化信息，至此明代端午凤舟、虎舟竞渡与龙舟竞渡共同朝向顶层设计官方引领的轨迹发展。

## 三、从遮蔽到显现：女性参与空间的界域与转向

北京故宫博物院藏《郑重龙舟竞渡图轴》中，凤舟突破以往仅主持宫廷端午竞渡仪式活动的角色限制，取而代之成为端午竞渡活动主角，与龙舟共同组成端午竞渡活动整体，凤舟形态不仅承继唐宋时期舟首和舟身形体立体化表征，而且均为女性驾驭凤舟，至此明代凤舟越来越关注人对生活的主观感受，关注代表女性参与的凤舟竞渡的民间下沉，女性参与的端午凤舟竞渡与男性参与的龙舟竞渡共同走向幕前。

1. 女性参与的遮蔽与显现

我国古代官方与主流文化过度强调端午竞渡空间中的性别对立，以龙舟为主导权力的端午竞渡往往忽略竞渡空间中的性别特征，对于凤舟竞渡采取的是遮蔽态度，严重阻碍了凤舟竞渡女性文化的正常显现。

《郑重龙舟竞渡图轴》对于画中竞渡舟船，撰稿人许冰彬认为此情景正是端午时节，中国南方地区的湖区景象，湖上四只龙舟、一只凤舟正在挥桨竞渡。[4]尽管故宫博物院官方提及凤舟的同场竞渡，但并未对凤舟竞渡与女性参与的细节进行分析，而是依照惯例笼统称之为龙舟竞渡图，然而图像传递的信息远不止此。该图轴欣赏的方式应是固定悬挂，任由观者赏玩，观者所处的位置、角度、高度、距离等不同都形成观感差异，似乎透过高处能更加清晰地看到龙凤竞渡详情。

以画外观者的视角投向画面，作者通过构图，将远处的山景，中部的凤舟、龙舟竞渡，近处的龙舟观众、建筑、植物与自然山石有机拉伸，从远处观看时画面呈现的是深远的感觉；如果观者拉近观看距离，画面将不断放大清晰起来，观者的视角将聚焦于画面各个细节之处，画面之中凤舟、龙舟的比例并未遵循近大远小的构图，遵循的是传统的散点透视原理，而是按照各自比例大小独自展现，作者将龙舟与凤舟略带平行四边形的构图呈现，以此展现纵向与横向结合得更为立体的龙凤竞渡空间。

图 4 《郑重龙舟竞渡图轴》局部图

湖上龙舟四艘、一艘凤舟正在挥桨竞渡。其中画面最上端为青绿造型"凤舟"，舟为凤首展开巨大双翅，舟尾为五条曲线形尾翼造型，舟中为四柱式样棚，有左右各六人共计十二人坐姿划桨竞渡女性，舟首舟尾各一名绿衣女性，整艘凤舟共计十四名女性，靠舟首三分之二处有红色灯笼立柱六只，后三分之一处为一支高大带旗帜的大型红色灯笼立柱。龙舟为红、青绿色调，舟中为四柱式样棚，棚上插有左六右六共计二十四面白色小旗子，另有从舟首到舟尾的四根高大带旗帜的大型红色灯笼立柱，有左右各六人共计十二人坐姿划桨竞渡男性，与凤舟挥桨竞渡免冠女性区别的是男性均头戴蓝色帽子，船尾掌舵者一名，龙舟首上站立着红色或青色长袍长羽高冠执旗指挥一名。

2. 女性参与的定式与变通

《郑重龙舟竞渡图轴》重新构建竞渡空间，一改龙舟与凤舟竞渡活动辅以水殿为主的宫廷建筑传统，龙舟与凤舟异于定式的直线竞渡、曲线竞渡构图，形成略带平行四边形的竞渡构图，竞渡空间意在变通传统龙舟竞渡、龙凤竞渡的构图定式，突出女性参与、展现女性自由。

作者不仅建立挂轴观看端午竞渡的方式，而且改变了龙凤竞渡宫廷传统图像的布局，还通过

远景、中景和近景刻画竞渡的平远纵深空间，遵循传统散点透视原理，按照各自比例大小展现龙凤舟船细节，以略带平行四边形的构图呈现龙舟与凤舟，以此展现新的纵横结合、立体运动的龙凤竞渡空间，将凤舟、龙舟竞渡放置于自然山水与民间乡野，老少民众观者在郊野绿植、民居建筑的掩映下，赏玩端午龙凤竞渡盛况。传统的水榭、廊桥等宫廷竞渡的建筑空间定式被打破，以民居建筑取代，呈现凤舟、龙舟端午竞渡走进民间的表征。作者在画中左上角突出展现凤舟展翅而来的动感形态，凤舟从画面深远处乘风破浪而来，与画面右下角的龙舟遥相呼应，共同加入"天人合一"的意境。

3. 女性参与从传统到重塑的界域转向

传统文化中的男权主导思想通过规训的方式规范着女性，女性空间在等级森严的封建权力空间制约之下，受宗法礼制、两性差异、当地民俗的影响，呈现出空间界面的限定性、私密隐蔽性、自我封闭性、文化遵从性等特征。郑重的作品不仅改变了传统定式的宫廷端午龙凤竞渡场域，而且将之拓展至开放的自然、民间场域，在官方层面强调凤舟竞渡所代表的女性突破宫廷界域的限制，变通为女性参与、民众赏玩的自由。

此画作乃宫廷内部藏品，赏析者应多为帝王，不排除作者为宫廷专门制作，除去此绢本龙凤端午竞渡风俗情景生动写实的描绘之外，或许宫廷赏鉴在某种程度上表达着明代对于女性参与竞渡活动的认可，而且通过女性空间构筑表达重塑竞渡仪式空间秩序的愿景，消解了龙舟竞渡空间对于女性的约束，使得龙凤竞渡呈现出多元、多维、开放交互的文化空间。明代之前的统治者构筑自上而下传导的端午竞渡话语权，由皇族、贵族倡导，并引导普通民众参与，达到从精神上产生认同，从而有利于统治阶层维护国家稳定的政治作用。

郑重通过凤舟女性竞渡活动的细节刻画，将宫廷观者切换为民间观众，突破阶层民众赏玩的自由；从宫廷竞渡转向到民间竞渡，突破竞渡场域限制，从竞渡定式图像转变为"道法自然"，使意境延伸，从作者层面首先释放传统观念对女性的束缚，以龙凤竞渡于广阔自然天地之间寓意女性参与的回归与转向。

## 四、结语

本文仅针对明代部分代表性的凤舟竞渡图像进行了初步的分析研究，研究范围、对象与媒材还存在局限性，女性空间视角需要综合考量凤舟图像中的女性人物。如何进一步结合器物媒材展开凤舟竞渡图像分析，是未来亟待探索研究的问题。端午凤舟竞渡的艺术品从艺术到生活，其中蕴含着女性话语权在多个领域内的展现和深化，体现了其多样性和实质性的特征。

一方面，女性参与从绘画到工艺的媒材转向。明代后期，女性参与的凤舟图像从传统绘画纸质媒材转向工艺瓷器媒材，并成为宫廷端午节庆仪式图像的重要内容，同时被使用在大量的宫廷节令瓷器中。从图像载体的差异来看，宫廷瓷器或许仅供把玩，而非实用器件，载体的不同并未掩饰其满足精神需求的本质，凤舟图像从图文欣赏的精神层面需要，渗透到物质层面需求的生活实用工艺瓷器的演进路径，体现出创作者主体和使用者主体的认知统一：将以凤舟竞渡为代表的女性参与场景，从艺术到生活的场域进一步转化为统治阶层端午竞渡文化的核心表征。

另一方面，女性参与符号表征的历史承继与进程分化。明代凤舟形态承继唐宋时期舟首和舟身形体立体化表征，特别是明代凤舟表现出巨大展翅形态，成为该时期的凤舟艺术史特例；在凤舟从卷轴绘画图像朝向工艺瓷器图像的分化阶段，呈现出与龙凤竞渡、鸾凤竞渡并置的现象，凤舟竞渡图像被赋予更多的含义，与更多艺术器物结合，朝向更为广阔的生活化方向发展。◈

**参考文献：**

［1］游红霞，田兆元.凤舟的民俗叙事与文化建构——以湖北洪湖凤舟文化为例［J］.长江大学学报，2016（10）：13.

［2］巫鸿.中国绘画中的"女性空间"［M］.北京：生活·读书·新知三联书店，2019：18—19.

［3］台北故宫推出特展八件《清明上河图》各擅胜场［EB/OL］.http://tw.people.com.cn/n1/2016/0407/c14657-28255803.html.

［4］故宫博物院.【郑重龙舟竞渡图轴】故00005889［EB/OL］.https://www.dpm.org.cn/collection/paint/232621.

# "夫子庙花鸟鱼虫市"传承困境与对策研究

宫婉虹

**摘　要**：夫子庙花鸟鱼虫市民俗是南京市级非遗项目，已流传四百余年，在南京市井文化中占有重要地位。但在城市发展过程中，其生存空间被不断挤压。文章的调查在揭示夫子庙花鸟鱼虫市的发展现状的基础上，认真分析其传承困境，并提出相应的解决对策，并为全国花鸟鱼虫市场的综合性保护提供参考。

**关键词**：夫子庙花鸟鱼虫市；非遗；城市建设；生存空间；传承

作为古老的民俗文化现象，夫子庙花鸟鱼虫市在南京城已经活跃了四百余年。由于具有深厚的文化底蕴和独特的历史认识价值，于2008年入选南京市第一批非物质文化遗产代表性名录。随着时代的发展，夫子庙花鸟鱼虫市历经多次变化，尽管市场还在，但发展情形并不看好，许多问题亟需解决。

## 一、夫子庙花鸟鱼虫市的特点与价值

据史料记载，数百年来，种花、养鸟、观鱼、斗虫都是老南京人常见的生活方式之一，由此也就形成了夫子庙花鸟鱼虫市场。

### 1. 夫子庙花鸟鱼虫市的特点

夫子庙花鸟鱼虫市从无到有，影响范围从小到大，是社会生产力发展到一定阶段的必然产物，也是民俗文化、休闲文化、商贸文化等综合作用的结果，在长期的发展过程中逐渐形成了自己的特色。

夫子庙花鸟鱼虫市具有明显的民俗性特点。作为秦淮文化的重要组成部分，爱好花鸟鱼虫，并以此为乐的习俗，是南京地区一项历史悠久、人民大众喜闻乐见的民俗活动。长期以来，种花、养鸟、观鱼、斗虫更是老南京市民丰富自身精神世界的一种重要的生活方式。人们在赏玩品味、切磋经验的过程中，不仅可以怡情养性，而且也能够增进相互间的各种交流。这也是自古以来该民俗得以存在与发展的重要原因。

花鸟鱼虫综合市场呈现出明显的综合性特点。与其他商品的分散经营不同，综合性市场可以更好地整合商品资源，以满足市民的购买之需。到近代，民间文玩逐渐普及开来，文玩把件和花鸟鱼虫分别作为"中华文玩"中的"上玩"和"雅玩"，共同构成花鸟鱼虫市场的重要组成部分，极大地丰富了市场的商品种类。传统文化本就具有很强的关联性，所以它们共处一市，并不违和。这就是中国综合性花鸟鱼虫市场常见古董文玩的一个重要原因。

这里的商品还具有明显的时令性特点。如春兰、秋菊各显一时之秀，玩知了、斗蟋蟀也大都在夏秋时节，热带观赏鱼在冬日里难觅踪影。不同时令的花卉、鸟类、游鱼、鸣虫装点了不同时令的节日气氛。

与其他民俗不同的是，夫子庙花鸟鱼虫市还呈现出明显的物质性特点。从明朝花鸟集市开始，这个大型综合市场始终作为花鸟市的文化空间存留至今。尽管非遗强调的是非物态内涵，但非遗保护也应考虑到与之对应的"物质性"。因为在现实生活中纯而又纯的"物质类文化遗产"或是"非物质文化遗产"是根本不存在的。[1]我们所说的夫子庙花鸟鱼虫市这一民俗文化，正是依附了夫子庙花鸟鱼虫交易市场而存在的。

### 2. 夫子庙花鸟鱼虫市的多重价值

作为南京市级非遗项目，即使在多元文化共生的今天，也依然具有很高的历史价值、文艺价值、经济价值和社会价值。

**作者简介**：宫婉虹，中国艺术研究院非物质文化遗产保护与研究专业硕士研究生。

历史价值。南京种花赏花的历史，可以追溯至六朝时期。历史上，南京售卖花鸟等物的商贩主要集中在城南百花巷（今大百花巷与小百花巷），以及花市大街（今中华路长乐路口至许家巷路段）一带。朱元璋定都南京后，由于皇室有大量的花卉需求，金陵南郊的花神庙村被皇家指定为专供皇室的花卉养殖基地，村中有八大家族世代以种植花木为业。花神庙一带逐渐形成了专门销售花鸟鱼虫的综合性集市。明代迁都后，南京成为留都，寓居于此的王公贵戚、官吏商贾大多嗜好赏玩花鸟鱼虫，更助长了这一民俗的盛行。明代后期，由于秦淮河畔水陆交通便利、文人雅士众多，花鸟市便开始向秦淮河夫子庙一带转移，形成南京地区最早也是最主要的花鸟鱼虫交易市场。传说清代乾隆年间，每逢农历二月十二和九月十六，金陵的爱花之人便涌入南郊花神庙为"百花之神"和"菊花之神"庆生，把城南百花巷、花市大街等地挤得水泄不通，购花的同时祈求花神赐福。"花时游览之乐"是明清时期南京人非常热衷的事情。民国时期夫子庙花鸟市场得到进一步扩张，经营品种也扩大到金鱼、蝈蝈、知了、蟋蟀、雨花石、盆景，以及鱼缸、鸟笼等配套商品的交易。夫子庙花鸟鱼虫市的形成与发展从一个侧面反映出南京民众的生活变迁，同时也记录了当地民间文化和民俗活动的生态，作为南京风俗的一部分，夫子庙花鸟鱼市场一直原汁原味传承至今，故具有很大的历史认识价值。

文艺价值。在中国，文人赏玩花鸟鱼虫的传统由来已久，人们在培育、养殖、观察花鸟鱼虫的过程中，与花卉、禽鸟、游鱼、鸣虫缔结起强烈的情感联系，花鸟鱼虫便成为文人士大夫寄托情志的重要载体，围绕花鸟鱼虫开展的民俗活动也为艺术家的艺术创作提供丰富灵感和素材。此外，花鸟鱼虫作为生命实体，又常常以无形的精神状态存在于我们的日常生活中。"民众借用隐喻的手法让民俗符号反映出民俗内涵，再通过一定的程式实现了意义的叠加与复合，使之更为充分地表达出集体情感。"[2]在吉祥图案和年画中，肚兜娃娃怀抱的锦鲤，就象征着富贵有"余"、年年有"余"，反映出人们对美好生活的期盼。再者，插花艺术、盆景艺术、缸内造景艺术等也都与花鸟鱼虫文化有

着这样或是那样的关系。不仅如此，随着交易市场的不断扩大，与饲养花鸟鱼虫有关的各种花器、鸟具、虫具款式也越来越多，制造工艺越来越精良，有些甚至脱离实用器范畴而进入艺术品、收藏品的行列，具有一定的艺术价值。

经济价值。作为依托于市场实体的商贸民俗，夫子庙花鸟鱼虫市无疑具有一定的经济效益。作为市场，交易买卖是第一功能。夫子庙花鸟鱼虫市场的存在与发展，既满足了广大民众不断增长的物质与精神之需，又在一定程度上促进了相关地区商贸活动与产业链的有序发展。在经营过程中，夫子庙花鸟鱼虫市场吸纳了大量劳动力，较好地解决了当地人民的就业问题。该市场吸引了不少海内外游人前往，丰富了"夫子庙及秦淮风光带"旅游名片的内容，进一步提高了夫子庙及秦淮风光带的知名度，成为南京市文旅项目的重要组成部分。

社会价值。作为南京人喜闻乐见的民俗文化，其社会价值也非常明显。尤其是在高度重视居民文化认同感和归属感的今天，该非遗项目的社会价值愈加凸显。南京人对花鸟鱼虫的热爱既可作为一种情感的沟通渠道，又营造出了独特的老南京人文气息，成为人们的情感寄托。随着老龄化程度的不断加深，对于受传统文化浸染较深的老年人来说，花鸟鱼虫也是很多退休人员颐养天年的刚需品。一些志趣相投的老年人凑在一起养鱼种花，可有效缓解老年人的心理焦虑，对促进社会稳定具有一定的社会意义。

## 二、影响夫子庙花鸟鱼虫市场发展的主要因素

从笔者多次考察的结果看，夫子庙花鸟鱼虫市场与夫子庙花鸟鱼虫文化呈现着明显的"体"与"魂"的关系。所谓物质之"体"，便是指非物质文化遗产概念中的"文化空间"。乌丙安认为，"凡是按照民间约定俗成的古老习惯确定的时间和固定的场所举行传统的大型综合性的民间文化活动，就是非物质文化遗产的文化空间形式"[3]。对于该非遗项目来说，具有交易功能的市场是满足该文化存在发展的物质前提。就文化之"魂"而言，在经济高速发展、城市化进程不断加快、外来文化冲击的背景下，我们不得不承认，其原有的诸多价值都面临着下行

的危险，这就提醒我们要在新时代的变迁中努力地挖掘出该项目新的价值。影响夫子庙花鸟鱼虫市场的因素主要体现在以下几个方面。

### 1. 市场实体建设与管理的问题

夫子庙花鸟鱼虫市场为了迎合一次又一次城市规划，从其原生地夫子庙一带，一步步向外搬离，随之而来的不仅是远离主城区所带来的经济效益下降问题，更不利于对以夫子庙为核心的秦淮文化的整体性保护。夫子庙花鸟鱼虫市场于20世纪90年代后期扩展到平江府路一带后，进入鼎盛时期。进入21世纪后，随着南京市城市化进程的不断加快。2003年，为顺应城市发展需要，原花鸟市场被拆除，新市场搬迁至长白街至白鹭洲公园音乐台一带，古桃叶渡街道成为两次搬迁的过渡地点。10年后，再次配合城区规划，搬迁至七桥瓮生态公园对面并延续至今。现实情况是，在许多城市规划中，花鸟市场不是被直接取缔，就是远离主城区，但在产业疏解的过程中，人们很少会注意到城市传统与民俗文化的远离。

由于经营商品的特殊性，花鸟鱼虫市场这一特殊的综合性市场，对于市场管理有着很高的要求。当前还存在着很多问题，如在调查中，我们发现该市场活跃着不少流浪猫狗，胡乱停车、堆放物品现象丛生，存在明显的卫生和安全问题。在与市场管理人员的交谈中，笔者注意到他们对夫子庙花鸟鱼虫市这一非遗项目并不十分了解，所以在具体工作中也很难有意识地强调这个市场所具有的文化价值。同时，由于交易对象的特殊性，该市场的经营同样需要具体的政策做指导。进入新世纪后，随着生态保护意识的提高，人们对野生动植物的保护意识得到了一定程度的提高，相关法律法规也得到了进一步的完善，但部分法律法规仍缺乏可操作性。比如在鸟类买卖过程中，只是泛泛地提出"人工繁殖"的概念，但如何鉴别并无人知晓，因而对于市场从业人员和爱好者来说，这一规定并不具有可操作性。据笔者了解，南京市目前应用于市场交易、具有可操作性和指导性的动植物保护办法都未落实到位。未来，我国将编制"十四五"野生动植物保护规划，明确保护和建设的目标方向、重点领域和主要任务，或许会对市场管理会带来一定的助力。

### 2. 非遗价值的下行问题

在市民文化生活并不特别丰富的过去，由于文化意蕴深厚、操作成本低廉，该民俗事象一直活跃在市民生活中。但不同时代有着不同时代的意识形态和价值取向，目前该非遗项目面临着价值下行的问题。

历史认识价值在下行。与其他城市的花鸟鱼虫市相比，南京的夫子庙花鸟鱼虫市历史文化底蕴深厚，这是因为该民俗产生于南京夫子庙这一特殊的文化环境中。非遗项目一旦离开它的原生地，势必会降低它的原生度。"一般而言，原生程度越高，遗产的价值也就越高；原生程度越低，遗产的价值也就越低。"[4]非遗的价值与原生程度呈明显正相关。

文化价值下行的具体表现是知名度的降低，爱好者群体的变小。酷爱花鸟鱼虫的老人相继离世，而年轻人尚未培养起对花鸟鱼虫文化的兴趣，导致这一传统民俗的传承出现断层。进入21世纪后，花鸟市场逐渐沦为低端产业，市场也在城市建设中被疏解出城，这也是该民俗失去很多爱好者群体的重要原因。

社会价值也在下行。"在城市化进程中，原有的社会格局被打破，中国人的交往方式也从原有封闭式交往走向开放式交往、从依赖性交往走向自主性交往。"[5]现代交往方式的转变在很大程度上冲淡了所谓的乡土情谊，这种做法并不利于"乡愁"和文化归属感的塑造。老南京人围绕花卉、禽鸟、游鱼、鸣虫展开的赏玩活动，往往偏个人化而很少大规模地发生在群体之中了。

## 三、夫子庙花鸟鱼虫市场面临问题与对策

《中共中央关于制定国民经济和社会发展第十四个五年规划和二〇三五年远景目标的建议》中，明确提出"十四五"时期经济和社会发展主要目标。这些方针政策背后传达的是经济高质量发展的新要求。在城市建设中，城市疏解和低端产业转移被同时提出，我们既要关注"硬核"数据，同时也需要广泛接纳人民喜闻乐见的文化形式，切实解决人民群众关心的、最直接、最现实的利益需求，不断实现当地人民对于美好生活的向往。以"物质实体保护为基础，文化环境保护为灵魂"，对该非遗项目的保护有待从市场与文化两方面切入：一方面需要加强市场

建设与管理；另一方面需要增厚市场文化底蕴。

传承项目 Heritage Projects

### 1. 以物质实体保护为基础——加强市场建设与管理

在数字经济日益发达的今天，花鸟鱼虫行业已被纳入低端产业范畴，经济价值不断下行。但对于南京而言，该项目确实具有独特的历史认识价值与文化价值。站在传统文化视角看，其拉动当地经济的巨大能量并未完全展现出来。民俗类文化遗产本身是很难开发，但以市场为中心的商业性开发大有文章可做。为了改善现有情况，首要的任务就是在城市功能定位和空间布局上营造出有利于非遗保护的外部环境，毕竟在城市文化的发展脉络中，要想保持其文化的活态延续，首先要确保活动场所的延续。

南京市十六届人大三次会议提出未来的十大重点工作，"统筹城市规划建设，增强美丽古都承载力"被明确提出。对于花鸟鱼虫市场来说，城市建设既是机遇也是挑战。机遇是该文化的物质承载主体的花鸟鱼虫市场可以借机得到改建。作为榜上有名的非遗项目，目前的空间状态确实与其文化地位不相匹配，古色古香的招牌配以坑洼不平的道路、多余增建出来的商铺，给人一种极不和谐的感觉。但如果再次搬迁，也面临困难和挑战。非物质文化遗产是依赖一定生态环境和特定人群与历史的"生态文化"。夫子庙地区是这一民俗文化的原生地，离开了原生环境，"夫子庙花鸟鱼虫市"的文化特殊性将荡然无存。

为了解决城市建设和非遗空间之间的矛盾，不论是原地重建还是异地搬迁，都应该遵循以下四项原则：

其一，充分尊重市场经营主体和消费群体的意愿及需求，通过实地走访，了解百姓心声，充分落实好过渡性保障措施；

其二，加强基础设施建设，彻底解决乱停车问题，以及改进市场存在的配套设施问题，未来新市场要着重外观的整体提升，使市场空间符合该项目的文化地位；

其三，延伸商品产业链、提高附加值。整合市场资源打造网上交易平台，强化冷链物流仓储配套，整体提升产业水平；

其四，着重提高市场空间的文化氛围，实施整体性保护。长期的非遗保护实践已经证明，整体性保护可避免过多的人为干预，有利于人类对遗产的保护。可以通过将非遗保护和利用纳入旅游、文化等专项规划环节，例如在对历史文化街区保护的同时，将非遗保护的内容有机地融入其中，让花鸟鱼虫作为老百姓喜闻乐见的民俗形式在人们的生活中活跃起来。

而在日常管理与运营过程中，一是要通过引入第三方物业管理者把握全局；二是要变经营者"被动接受型"管理为"主动型"参与管理；三是要变"单一型"保护为"社会型"保护。从该市场集体建设角度看，提高各经营户管理的参与度，让经营主体变成市场主人。此外，要同时实现经济效益、文化效益和社会效益的三丰收，而这就需要依靠当地居民的长期支持，保护中要充分考虑到当地居民的利益，听取大众的声音，真正做到"民间事，民间办"。

### 2. 以文化环境保护为灵魂——增厚市场文化底蕴

在市场几十年的建设中，该非遗项目的传承与保护出现困境：既无文化知名度，也无代表群体，同时也没有符合其文化地位的物质空间，俨然成为"三无"的空壳项目。既然我们认可该项目的价值，并将它列入非遗代表作名录，就不该局限于"名录性"保护。为此，不只要解决文化上"体"的问题，同时还要做好对"魂"的活态保护。

加强对该项目的口述史记录。在非遗传承和保护过程中应始终秉持"以人为本"原则。对夫子庙花鸟鱼虫市项目而言，只见"市场"不见"人"的做法肯定是不可取的，这就需要我们提高对传承人的关注度。通过充分利用当代科技手段忠实记录，加强对该项目的口述史记录，还原历史本来面目，这种全面而系统的调查有利于我们对该项目的整体保护和原真保护。

加强从业人员的素质建设，形成以市场空间为核心的文化聚集效应。相比于流动性较强的买家，市场从业者作为常驻人员更容易对这个花鸟鱼虫市场产生更多的认同感和责任心。作为以市场为依托的文化项目，交易行为本身就附带有文化传播与交流的功能，这是该民俗项目所特有的优势。在笔者走访调查中发现，买卖双方在交易中不可避免地会围绕着商品展开多层次的讨论，不少商家在面对顾客有关商品历史文化方面的疑问时，回答都稍有牵强，可见一些商家对此所知不多。建议有关部门可以通过宣讲，提高商家对夫子庙花鸟鱼虫市文化的了解，以增强该群体的文化素养，并通过邀请市场专家和技术人员，从源头提高经营者的专业技能与素养，从而建立起一支在市场经营和民俗文化传播两方面都过硬的专业队伍。

积极举办活动，加强宣传，培养市民的文化消费习惯。对于夫子庙花鸟鱼虫市有着情怀的消费者平均年龄超过65岁，若宣传不到位，人们对该项目的认知就很难获得代际传承。对此，可以通过举办针对不同群体的各种活动——通过举办花鸟鱼虫大会，来提升人们对该项目的了解。通过对小学生群体花鸟鱼虫的"生态教育"，提升孩子们对于大自然的理解和热爱。总之，通过举办各种文化娱乐活动，扩大项目的知名度，带动相关行业的可持续发展，在改变居民消费观念，提高消费层次的同时，推动当地经济的高质量发展，从而实现经济与文化效益的双增长。

### 四、结语

夫子庙花鸟鱼虫市民俗是南京人的共同记忆，体现了南京人独特的文化观念、审美情趣和精神风貌。这项非遗要想实现可持续发展，就要在保护市场实体的同时，保护好与其有关的"软实力"，让这个以市场为载体的非遗项目具有更多的可操作性。

目前，这个项目在传承与保护过程中还存在着许多问题与不足，如宣传力度不够，管理经验不足，研究深度不够，缺少专门的政策引导等。加强科学管理是南京夫子庙花鸟鱼虫市走向科学化、规范化发展的必由之路。非遗管理机制的完善、传承秩序的规范、文化脉络的记录等，都需要我们进行认真地思考。◈

参考文献：

[1] 苑利，顾军.非物质文化遗产保护的十项基本原则[J].学习与实践，2006（11）：118—128.

[2] 刘先福.民俗图案与文化认同[J].民艺，2022（4）：86—90.

[3] 乌丙安.非物质文化遗产保护理论与方法[M].北京：文化艺术出版社，2016：152.

[4] 苑利，顾军.非物质文化遗产学（第二版）[M].北京：高等教育出版社，2022：42.

[5] 李成保，李鹏飞.当代中国社会交往规则的重塑[J].湖南社会科学，2017（2）：89—95.

# 变与不变：苏州桃花坞木版年画的资源化与遗产化实践

张 哲 游红霞

**摘 要：** 国家级非物质文化遗产项目桃花坞木版年画在明清时期、清末民初、建国初期、改革开放以来分别经历了四次重大风格转变，从早期的文人"姑苏版"，江南农村年画，到政策导向的政治宣传画，再到融合现代都市生活的创新作品，时代话语的不断转换是桃花坞木版年画得以发展与创新的重要推力。年画图像的变化折射出在日常生活影响下民俗文化的新变，但其所蕴含的向往美好生活的深层精神内核从不曾改变。

**关键词：** 桃花坞木版年画；文化变迁；资源化；遗产化

作为中国民间传统绘画的一个独立画种，年画主要在新年之际张贴，为传统年俗增添节日气氛，也展现着传统的世俗民风，是一种兼具岁时性、教育性与实用性的文化商品。作为国家级非物质文化遗产项目之一，桃花坞木版年画诞生于江苏苏州，是我国南方流传最广、影响最大的民间木刻年画类型，与天津杨柳青年画并称为"南桃北柳"。发达的商品经济、繁荣的手工业态、雕版印刷行业的兴盛为桃花坞木版年画的诞生与发展奠定了坚实的基础。在漫长的时代变迁中，桃花坞木版年画的艺术风格经历了四次较大转变。

## 一、历史变迁：桃花坞木版年画的风格流转

桃花坞木版年画在明清时期、清末民初、建国初期、改革开放以来分别经历了四次重大风格转变，从早期的文人"姑苏版"，江南农村年画，到政策导向的政治宣传画，再到融合现代都市生活的创新作品，时代话语的不断转换是桃花坞木版年画得以发展与创新的重要推力。

### 1. 中西融合的文人"姑苏版"

桃花坞木刻年画肇始于晚明，伴随木刻彩色套印技艺逐渐成熟，以吴门画派为代表的文人群体参与到版画创作中，形成兼顾文人画恬淡风韵与大众生活明艳活泼风格的早期"姑苏版"年画。[1]清康雍乾时期是"姑苏版"发展的兴盛期，源于西方的绘画理念与技术借助传教士的传播进入中国，西洋铜版画技巧、明暗法、透视法等技术被应用于版画制作中，诞生了"仿泰西笔意"的清代姑苏版。泰西法、泰西画法、仿泰西笔意，是指来自西方的绘画技法或具有西洋画风的绘画作品。

流传至欧洲的"姑苏版"年画多被欧洲人当作壁纸进行装饰，有的如西方油画般以画框镶嵌，整齐排列在壁面上，有的则由数张图画连接而成，加以裱褙后张贴到墙壁，也有部分"姑苏版"年画被镶嵌在屏风上，成为房间一景。[2]日本也是桃花坞年画出口的重要地区。康乾时期，中日贸易相当发达，姑苏版年画由长崎港进入日本国内，最初仅为满足侨居长崎的中国人的需要，后因爱好者的收藏与推广而逐渐流传至日本各地。而"姑苏版"年画所运用的仿泰西笔意也被日本本土画家所吸纳与借鉴，为日本浮世绘的发展奠定了基础。

### 2. 盛极而衰的江南农村画

晚清动荡的时局严重影响了桃花坞木版年画的发展。咸丰十年（1860），为防太平军攻入城内，驻扎苏州的清军总兵马德昭在时任江苏巡抚徐有壬的授意下焚毁沿城民房，作为桃花坞年画重要销售地点的苏州阊门、胥门商业尽毁。此外，西方石印技术也在这一时期传入，极大冲击了传统木版雕版技术。在内外双

**作者简介：** 张哲，华东师范大学社会发展学院民俗学硕士研究生；游红霞，温州大学华侨学院瓯江特聘教授。

重冲击下，桃花坞木版年画开始了市场和艺术风格的双重转型：在市场方面，年画的销售对象由城市转向江南农村，为契合农村地区的消费需求，民间信仰、人生仪礼、戏曲故事等内容成为桃花坞年画创作的主流；在艺术风格方面，尺幅大、雕工细的"姑苏版"不再制作，单线套版印版的形式增多，制作粗糙，开张缩小；色彩方面，选用桃红、粉绿等鲜亮明艳的颜色，富有乡土气息。[3]

3. 新旧改革中的政治宣传画

1949 年 11 月 27 日，《人民日报》发表《文化部关于开展新年画工作的指示》（以下简称《指示》），这是文化部成立后公布的第一份文件，充分体现出党和国家对于年画的重视。《指示》在年画内容上，要求"着重表现劳动人民的斗争生活和英勇健康的形象"；并支持新美艺工作者与旧年画行业和民间画匠合作，参与到新年画创作当中。[4] 在"改造旧年画"和"反映现实生活"的新要求下，这一时期的新年画讴歌新中国、新社会、新生活和人民公社、总路线三面红旗，具有教育人民与政治宣传的双重意义。进入 20 世纪 60 年代中后期，年画作为宣传工具的属性进一步加强，传统题材不再生产，重大政治题材、领袖思想、样板戏剧照等内容成为年画创作主题，表现形式趋于单一。

1982 年，《关于加强和改进年画工作的意见》（以下简称为《意见》）出台。《意见》"鼓励各种年画题材创作，大力提倡富有教育意义的现实题材"，强调"要克服年画创作中某些脱离生活、脱离实际、脱离群众的现象"[5]，为桃花坞木版年画重新发展注入新的活力。江南城市风光、民众生活等"水乡情趣"成为 20 世纪 80 年代"万象更新"时代风貌影响下桃花坞木版年画的重要表现主题，呈现出浓郁的地方化特色。年画配色风格则更加多变，热烈喜庆与清丽雅致之气并存。

## 二、走向非遗：桃花坞木版年画的现代转型

桃花坞木版年画在走向非遗的进程中，在当代呈现出两条较为明显的发展脉络。

一条保持传统，注重桃花坞木版年画历史资料收集整理、经典古版复刻与技艺传承。

以桃花坞木刻年画社与桃花坞木刻年画博物馆为代表，2002 年，桃花坞木刻年画社划归苏州工艺美术职业技术学院，开启借助高校平台促进桃花坞木版年画的保护、传承与发展的新路径。

2006 年，桃花坞木版年画被列入首批国家级非遗名录；苏州桃花坞木刻年画博物馆成立，与桃花坞木刻年画社共同成为桃花坞年画的保护基地。桃花坞木刻年画社在苏州工艺美院多次举办年画研修班，通过考核选拔校内二、三年级优秀学生入社学习，由国家级传承人王祖德、房志达、叶宝芬等进行教学指导，经过数十年发展，已建立起一支涵盖国家级、省级、市级的传承人梯队。

在技艺传承方面，打破传统年画行业"画、刻、印"分离的局面，新一代传承人如孙一波、杜洋、叶小香、乔兰蓉等在全面掌握年画生产制作全流程技术的同时，还依托苏州工艺美院相关资源，接受系统的高等美术教育，有效促进桃花坞木板年画技艺的保护与传承。

另一条则推陈出新，主要表现为年画题材的再创新。在现代社会与都市文化的影响下，这些新的年画以传统年画作品为基础，同时，又从当代生活中汲取灵感，并大胆融入新颖的现代元素，不仅继承传统底蕴，还更加符合现代人的审美趣味，有力地推动了桃花坞木版年画与现代社会的再融合。

杜洋《见山》（桃花坞年画博物馆藏）刻画了具有浓郁苏州地方特色的太湖石和园林水纹窗，透过水纹窗，苏州现代都市景观代表性建筑"东方之门"尽收眼底，这一"城市风景线"正取材于传承人的居住地——苏州园区的每日所见之景。在配色上，为保留传统年画色彩多变的特点，特意选用橘色、绿色等多种颜色表现太湖石，但在主色彩搭配中又大胆尝试以青色、蓝色为主，既保留有传统年画的元素风格，又呈现出清新淡雅的现代风韵。在白色背景部分，作者还尝试运用传统年画生产中的"拱花"技艺，在近距离欣赏时还可看到淡淡的纹路，进一步增添作品的雅致气息。杜洋的创作灵感源于她的日常生活，她的年画创作与其个人生命史不断融合，呈现出浓厚的个性化色彩。

图 1 《见山》

图 2 《前途锦绣》

《前途锦绣》是由苏州乔麦年画工作室设计制作的 2022 年兔年主题年画。这幅年画以敦煌壁画"三兔共耳"为灵感，描绘了四只相互追逐形成首尾相衔状的仙兔，手中分别捧着玉如意、葫芦、寿桃、红灯笼，集福禄寿喜于一身，循环往复、源源不断地带来美好祝福；又因"前""途"谐音"钱""兔"，表现在年画中，不仅可以看到四只仙兔背上的铜钱图案，作品整体的圆形与兔耳构成的方孔，还构成更大的铜钱造型，寓意团队协作、共赢共生，方可产生财富与价值；作品周身以花团锦簇相衬，寓意着幸福美好的理想桃花源，齿轮具有现代感，代表时间，时代的巨轮滚滚向前，要珍惜时间、珍惜当下。

在当代非遗语境下，新的桃花坞木版年画传统性、现代性、文化性、娱乐性、观赏性、个体性交织并存，年画图像风格与题材创作更加靠近现代审美取向，年画的尺幅也在不断调整，适应着现代生活方式与生活空间的转变。桃花坞木版年画的转变与调整不仅隐含着时代风貌与消费对象的变迁，更成为新时代作为国家级非遗项目的桃花坞木版年画旺盛生命力的重要来源。

## 三、当代实践：从遗产到资源的桃花坞木版年画

在旅游场域和公共政治场域的交叉作用下，民间文化逐渐出现两大发展趋势：一是资源化，表现为顺应地方振兴和发展需求，民间文化不断被开发为文化资源；二是遗产化，"非物质文化遗产代表作名录"逐级申报，使民间文化在地域族群和国家层面同时受到重视，而国家申报"世界遗产"的努力则更进一步使其获得民族文化符号身份。[6]日本学者山下晋司对文化资源化的基本场域展开分析，将其分为"日常文化实践场域（家庭、职场、学校、地域社会等人生存的微观场所）、国家场域（文化被国家所利用，借助国家政策、历史编纂、学校教育等实现文化的资源化与管理）与市场场域（作为商品的文化，是'文化的超市化'）"，三个场域之间相互影响，相互渗透，民族国家与全球市场被带入了微观日常文化实践的场域，文化的资源化还呈现出一种超越性，不再为某一地方和地域所独享，越来越成为一种"超地域"的全球性文化。[7]

桃花坞木版年画同样呈现出资源化与遗产化的发展态势。一方面，中国非遗保护运动兴起，桃花坞木版年画成功入列首批国家级非遗代表性名录，影响力不断上升，成为苏州等江南地区乃至全国代表性年画艺术之一。另一方面，桃花坞木版年画与文化创意产业深度融合，在提取与加工中被元素化，成为可供利用的文化资源。以乔麦年画工作室为例，乔麦年画工作室由桃花坞木刻年画社第二期研修班学员乔兰蓉于 2015 年创立，工作室成员多为"80后""90后"，除设计制作创新年画作品外，团

队成员还提取传统桃花坞木版年画元素，设计并制作丰富的年画主题文创产品，如以《花开富贵》为主题设计的平安福、以《一团和气》等经典年画作品为内容的年画红包等；还与当地老字号开展合作，生产各类联名产品，不仅提升了桃花坞木版年画的知名度，也为桃花坞木版年画提供新的发展与盈利空间。

20 世纪 60 年代，加拿大传媒理论家麦克卢汉（Marshall McLuhan）首创"地球村"（globalvillage）概念，旨在强调电子信息技术飞速发展而带来的文化瞬时分享性。范可进一步拓展"瞬时性"的概念，认为除了信息及时共享，"瞬时性"还包含"最新发明的产品或者理念即时地为人所接受，人的行为也随之发生改变"以及"由于科技发展的日新月异，人的行为和习惯总是处于不断调试和改变的过程中"两层含义。他运用拉图尔的行动者网络理论（ANT）进一步指出，网络是动态的，自然会影响到构成网络的各种元素的动态化，在万物互联的行动者网络里，物已然成为枢纽或者中介。[8]同样地，文化也是动态的，是流动的。物的变迁带来生活方式与生活习惯的变化，生活的改变又进一步带来文化的变迁。在文化变迁的大背景下，作为人的创造，民俗文化在当代也必然发生改变。

回顾桃花坞木版年画的历史，从明清时期吸收西方仿泰西笔意的"姑苏版"，到清末民初，艰难支撑的江南农村年画，再到建国后为满足政治宣传需要，反映当时社会生活的宣传画，又到作为国家级非遗项目，兼顾"历史性"的传统年画与"现代性"的创新年画并存，我们会发现"变迁"贯穿其发展脉络。由于生活方式的改变，年画的使用场景和使用方式也在悄然发生改变，在过去，年画张贴有细致的地点与时令要求：

> 大门一般贴门神，要成对张贴。有钱人家有大门、二门、三门，三道门都要贴；中等人家有大门、二门，没有三门，也要贴两道；最穷的人家只有一个门，"有钱没钱买画过年"，能弄一对四开的门神贴贴就很美了。后门一般贴钟馗……中堂一般要贴民间供奉的神像……挂在堂屋中央正面的墙上……一般堂屋、房门上要贴吉祥人物的门画。[9]

传统文化中的"门"与"户"含义是不同的，只有对开门或双开门才能被称为"门"，由厅堂通向内室的单扇小门则被称为"户"。而今天，大多数国人早已不再居住于传统中式院落中，生活在都市社区的我们没有"三道"或是"二道"门用于张贴年画；单开的防盗门替代了原本双开门的功能，成为住宅楼内分割出的一间间商品房的"正门"或是"大门"，"福"字与春联成为春节装饰家门的主流选择。在家庭室内陈设方面，当简约为主的现代装修风格成为家居装饰主流，原本应张贴在中堂与房门上的年画自然也就失去生存空间。

在传统民间观念中，年画是作为一种吉祥符号被广泛应用于年俗节庆中的。经典年画作品总是以门神、财神等神仙形象或具有"富足生财""幸福安康"寓意的物品作为其图像内容。民众通过张贴年画，寄托着"来年生活更加幸福美满"的期待，年画也因此成为具有实用价值的重要的节令商品。而在现代社会中，贴年画的习俗逐渐从民众的日常生活中退场，年画的传统生存空间不断被挤压，必须在现代生活中重新寻找新的定位，而这种新的定位正在发生：

首先是作为桌面装饰的小幅摆台年画的出现。以乔麦工作室《儒虎添翼（亿）》为例，这幅年画采用传统年画技法制作，在运用传统吉祥元素（如葫芦、石榴、铜钱）的基础上融入诸多现代元素，如外围的耳机、环绕周围的"不内卷""躺平""闲""YYDS"等网络热词。此外，该年画限量发售 2022 幅，购买者可指定购买数字，很多顾客在购买时会选取生日数字、谐音数字（如 1314）等，桃花坞木版年画的文化性与限量发售的稀缺性满足了当代消费者追求个性化的消费需求。

图 3 《儒虎添翼（亿）》

其次是年画大众性的减退，呈现出定制化、向上流动的发展态势。一些经典作品成为高端美术工艺品，如《一团和气》，由桃花坞木刻年画社复刻后，国家级传承人亲笔签名，限量发售50张，起售价5000元，最高时曾以2.5万元的价格售出。一些商业品牌也会与年画工作室合作，定制主题联名年画。

最后是年画文创产品的大量出现。借助文化创意产品的设计研发，年画图像作为创作元素出现在各类文创产品上，这些文创产品虽然并不属于年画，但其以适中的价格、多变的形态，有效提升了桃花坞木版年画的影响力，这些文创产品的消费者在未来也会成为年画的潜在消费者。桃花坞木版年画又以新的形式回到广阔的日常生活中，在生产与消费的过程中被重新塑造为文化符号消费的对象。

在笔者的田野调查中，除企事业单位定制外，以都市白领为代表的中产阶级已成为当代桃花坞木版年画的主要消费对象，他们对传统文化充满兴趣，试图借助年画消费来彰显自身的文化品位。桃花坞木版年画的销售空间也扩展到城市核心区域，如位于苏州工业园区金鸡湖畔的诚品书店；位于姑苏区苏州古城大王巷的乔麦年画客厅等，当代的桃花坞木版年画显然已重新回归都市。而在现代生活方式的作用下，尽管桃花坞木版年画的形态与内容再次变化，但其所蕴含的向往美好生活的深层精神内涵从未改变。在年画文创产品中，年画风红包所提取的元素分别源于传统木版年画《福字图》《黄金万两》《花开富贵》与《一团和气》，其所蕴含的洪福齐天、财源滚滚、和合圆满等内涵与红包相得益彰，在祝福之余更增添文化韵味；而平安福则在"富贵"的基础上进一步突出《花开富贵》"平安吉祥"的寓意，将其悬挂在车内，成为"出行平安"的美好祝愿；在年画作品中，以前文所述《儒虎添翼（亿）》为例，网络热词所代表的极具现代生活气息的新内涵注入满足消费者的情感需求，当年画被摆放在办公桌上，所折射出的恰是当代都市快节奏生活压力下的青年群体渴望摆脱工作压迫，追求轻松惬意生活的情感表达。

## 四、结语

伴随时代变迁，桃花坞木版年画的转变也在不断发生，但其精神内涵却始终不曾改变。喜庆祥和的画面是江南民众观照自我情感投射的理想空间，寄托着他们"过好日子"的质朴表达，承载着他们追求美好生活的共同愿望。借助视觉语言，年画传递出的是一种突破语言和文化桎梏的共通的情感，是作为"人"，对生命、生活的尊重与热爱。这是年画的灵魂，也是年画传承的精神核心。民俗是流动的，是不断随着生活的变化而变化的。在资源化与遗产化并行的今天，民俗不应再被视作"固化的传统"，探索民俗如何在当代迸发出新的活力，诞生新的内涵，这或许正是我们强调"活态传承""生产性保护"最终的目的与意义所在。◈

**参考文献：**

［1］王稼句.桃花坞木版年画［M］.济南：山东画报出版社，2012：83—94.

［2］徐文琴.流传欧洲的姑苏版画考察［J］.年画研究，2016（1）：10—28.

［3］冯骥才.中国木版年画集成桃花坞卷［M］.北京：中华书局，2011：16.

［4］新华社.中央人民政府文化部关于开展新年画工作的指示［N］.人民日报，1949-11-27.

［5］中国出版工作者协会编.中国出版年鉴（简编本1983）［M］.北京：商务印书馆，1983：245.

［6］徐赣丽，黄洁.资源化与遗产化：当代民间文化的变迁趋势［J］.民俗研究，2013（5）：5—12.

［7］（日）岩本通弥，山下晋司编.民俗、文化的资源化：以21世纪日本为例［M］.郭海红，编译.济南：山东大学出版社，2018：14—23.

［8］范可.关于当下文化变迁的理论反思［J］.民族研究，2022（3）：69—80，140.

［9］史静，蒲娇.桃花坞年画：房志达［M］.天津：天津大学出版社，2010：73.

# 影戏交融，传唱古今

## ——国家级非遗项目"皮影戏"代表性传承人高清旺访谈

受访人：高清旺　采访人：顿巧珍　王　艳　孜拉来·阿不都外力

**摘　要**：高清旺是第二批国家级非遗项目"影戏（环县道情皮影戏）"的代表性传承人，他的演唱浑圆规整、嗓音洪亮，有自己独特的表演风格，是"魏派"的杰出代表。高清旺对皮影影件雕刻的传承与创新，使他立身扬名。访谈高清旺学艺经历、从唱皮影戏转向雕刻皮影的艺术转折、环县道情皮影的独特之处以及当下传承民间艺术的困境。高清旺的口述史为我们了解环县道情皮影的历史及其地域性特征提供了鲜活的文本。

**关键词**：环县道情皮影；口述史；高清旺；皮影戏

甘肃省的环县道情皮影是"道情"与"皮影"相结合的产物，它属于中国皮影戏的一种，其演出历史虽可追溯至清末，但环县皮影雕刻史却不长，在不断发展中，环县皮影戏班原来所存老皮影除本地艺人请陕西乔线匠（其名不详）和尚线匠（其名不详）雕刻外，其他大多数来源于陕西礼泉、兴平、大荔、定边以及宁夏的盐池等地方。影戏，环县民间称"皮影"，本文分析论述相关问题时称"影戏"，整理高清旺口述史时则按口述称"皮影"或"皮影戏"。

高清旺，男，汉族，出生于1963年3月14日，甘肃省环县洪德乡肖关村人，环县道情皮影艺术家协会会员，甘肃省道情皮影艺术家，国家级非遗项目"影戏（环县道情皮影戏）"代表性传承人。1978年，师从其外公梁世仓学唱道情皮影戏，1988年开始学习皮影雕刻制作。代表作品有《梅麒麟》《象车》《御花园》《金殿》《帅帐》《皇帝出巡》《昭君出塞》《七仙女》《四大美女》《三顾茅庐》《八仙过海》《钟馗》，以及皇帝、贵妃、状元、皇姑、花旦等人物影件。影件因其精绝的刀工、浓艳的染色，造就其雕刻作品精巧、艳丽的风格特色，深受观众青睐。2023年8月23日，笔者一行到甘肃省环县高清旺家中拍摄非遗代表性传承人口述史，本文系根据访谈的录音整理而成。

### 一、幼年学艺，中年扬名

笔者："环县道情皮影戏"在当地已经流传了300余年，是老百姓喜闻乐见的民间艺术。据了解，您是国家级环县道情皮影戏代表性传承人。我们就从您开始接触并学习环县道情皮影谈起吧。

高清旺：我的外公名叫梁世仓，是一位唱环县道情皮影的老艺人，他跟着魏国诚学习唱道情皮影。我小时候经常看我外公唱皮影戏，便产生了浓厚的兴趣。我读到初中便辍学了，随后跟随外公学习唱皮影戏。我自幼热爱美术，喜欢绘画，并有一些绘画天赋，虽不能说画得非常出色，但还可以，毕竟我并非专业人士。学习唱皮影戏之后，发现雕刻皮影也十分有趣，我一般晚上学唱戏，白天学习刻皮影，二者同时进行。直到我外公去世，他的戏箱由他孙子

**基金项目**：本文系西北民族大学2024年中央高校基本科研业务费项目"中国式现代化进程中非物质文化遗产的活态传承研究"（项目编号31920240033）的阶段性成果。

**作者简介**：顿巧珍，西北民族大学新闻传播学院硕士研究生；王艳，西北民族大学新闻传播学院教授；孜拉来·阿不都外力，西北民族大学新闻传播学院硕士研究生。

继承并继续唱。我姑父也是一位唱皮影戏的艺人，在他停止唱戏后，我购买了他的戏箱继续唱皮影戏。

当时，我雕刻的皮影主要供应给其他艺人的戏箱使用。在1966年至1976年期间，皮影戏被禁唱，我只记得当时所有的皮影戏箱都被收集到镇上，然后被剪坏、焚烧。不过，我外公将其中一部分皮影藏在我们家里，到了晚上我们就拿出来玩耍。当时，整个皮影戏都被彻底毁坏，有些艺人的戏箱里缺少一些重要角色的影件，无法组成整套戏影便难以完成演出。缺少影件的艺人会带着牛皮前来找我雕刻，我们当时商定，我为他刻制戏箱所缺少的影件，剩下的牛皮则归我所有，他们不再需要支付给我雕刻皮影的酬劳。在1989年之前，我一般将雕刻好的皮影卖给戏箱，为他们演出提供所需的道具，这是当时我主要的挣钱方式。

笔者：从唱道情皮影戏入门，到后来又将重点转向雕刻皮影，在唱戏和雕刻两个方面的学艺经历是怎样的？

高清旺：在学习唱戏的过程中，我跟随我外公梁世仓学习，我外公和魏宗富的爷爷魏元寿是师兄弟，跟着魏宗富的太爷魏国诚学习唱戏，都属于魏派。然而，在唱腔方面，我们则属于北派。环县道情皮影最初的改良者是解长春，他是环县本地人，解长春有四位著名弟子，他们分别是大弟子敬乃梁、二弟子杜民华、三弟子韩德芳和四弟子魏国诚。这四位弟子在环县声名显赫，几百位艺人都是他们带出来的。虽然在解长春之前就有环县道情，但未曾发展和创新，在解长春的指导下，道情的部分内容经过了改良和创新。在一百多年前，拉四弦子是两个人协作进行，每人拉两根弦，解长春将其改成一个人拉四股弦，另一个人打锣。在解长春进行改良之前，这些部分是分开的，每个人只负责一个。解长春将它们组合起来，由一个人来操作，环县道情在他的改良下进一步发展。唱腔由弟子们传承下来，他们对其中部分内容进行改良，在传承过程中，逐渐形成北派和南派两种风格，其最大的区别在于唱腔。老艺人在传授技艺时，会根据自己的风格来教授徒弟。总的来说，他们都是传授皮影技艺，但在传承过程中会有一定的差异。例如，环县道情中拉刀子的刀法，不同的人拉法不尽相同，传

承主要依靠口传，相对较为灵活。与秦腔不同的是，环县道情的艺人在传承过程中会融入自己的想法，并进行改良和创新，包括唱本、唱词，但意思大体相同。丑角在表演过程中也会根据前台观众的反应变化不断调整，灵活应变。

在雕刻方面，我算是个游学者。我跟随外公和姑父学习雕刻技艺，曾与姑父一起去陕西销售皮影。在陕西礼泉，我结识了一位名叫张显江的艺人，在交谈中从他那里学到了许多知识，可以说我偷学到了一些技艺。在学习的过程中，我发现我们雕刻皮影的工艺流程和人物造型与陕西的非常相似。陕西在刀法技艺方面有推刀子和拉刀子的方法，我们继承了拉刀子的技法，虽然两个地方在刀法上略有差异，但在其他如着色、风格和流程等方面都十分相似。庆阳与陕西相邻，过去两省的艺人经常互相切磋和交流技艺，技艺之间会有共同点，然而，环县的皮影戏与唐山、湖北地区的造型和流程截然不同。

笔者：您是从唱皮影戏入行的，并且在该领域不断深耕，在环县也小有名气，是什么促使您放弃戏箱，开始学习雕刻皮影影件？

高清旺：最重要的原因还是作为一家之主，我要养家糊口。唱皮影戏的时候，我们所获得的收入会平均分配。通常来说，唱戏的演员以及戏箱的收入总共算是六份，比如一天挣200块钱，就会被分成六份，每个人大约30多块钱。尽管我们整天都在忙碌，到了晚上还在唱戏，也只能挣到很少的钱，这让我感受到了生活的巨大压力。后来，我发现雕刻皮影的市场潜力巨大，当时雕刻皮影的艺人相对较少。作为一个农民，我是较为务实的人，看到哪个领域能赚钱就会将精力投入其中。我当时就认为不能一味固守现有的生计方式，否则养家糊口都会变得特别困难，而且，在70年代，唱皮影戏的黄金时期已经过去了。于是，我从唱皮影戏转向了雕刻皮影，当时，我将我的戏箱卖给了博物馆以供收藏。自从改行雕刻皮影以来，我的事业发展越来越好，后来进入了龙影公司，我专注于雕刻皮影，每天的收入相当于唱八天甚至十天戏所赚到的钱，收入差别相当大，因此我将重心转向了雕刻皮影。

笔者：从唱皮影戏到雕刻皮影肯定发生很

多难以忘记的事情，能分享一下您印象比较深刻的经历吗？

高清旺：我们环县文化馆前馆长是西北师范大学毕业的，他擅长绘画和书法，在我们环县都是数一数二的。他让我帮他雕刻皮影，那时一个皮影只要8到12块钱，他和他的妻子计划制作皮影册子，然后卖给我们庆阳市各州各县的文化爱好者。

我印象最深刻的一次是在1995年，老馆长让我和史呈林去广州参加旅游艺术节，我们在广州待了一个月。那是我第一次离家来到大城市，开阔了眼界。当时我带着皮影一起去广州，很多人不知道皮影是什么，只有极个别的人能够认出皮影。我们也没有打算将皮影卖出去，因为大家才刚刚开始了解皮影。

在2000年以后，我和李仰峰在环县开展了规模较小的皮影销售业务。我们的县文化馆和县政府意识到制作皮影的销售潜力，开始设立皮影销售点。最初只是一个小铺子，雇佣一些人来销售皮影。文化馆的老馆长已经退休，新馆长上任后找到了我，让我给文化馆雕刻皮影。从那时起，我雕刻的皮影开始用于文化馆的推广和销售。

直到2002年，环县县政府为了销售皮影批了一块土地，成立了名为龙影公司的企业，并邀请我们很多艺人加入其中雕刻皮影。当时，我带着20多个徒弟专门从事皮影雕刻。以前来环县开会的人员或外来人员都会收到皮影工艺品，皮影的需求量较大，后来，禁止赠送会议纪念品之后，皮影的需求量自然下降，整个公司的经营状况每况愈下。我在龙影公司工作直到前几年，皮影的销售情况不好，我们被迫下岗。于是，我离开公司，在家中继续雕刻皮影，如果公司需要皮影，他们会提前告诉我，我在家里制作好后，再拿过去就可以了。

## 二、道情皮影，标新立异

笔者：环县道情皮影作为一个地方性的戏剧，具有以道教故事度化众生的思想和惩恶扬善等特点，其题材与道教思想有关，这种独特性是如何形成的？

高清旺：影戏作为一种民间艺术，受各地人文风情、地方戏曲的影响而呈现出千姿百态。

道情皮影有其独特之处，其一，在于戏本子，道情皮影是一个地方戏剧，就算其他地方想唱道情皮影，但没有戏本子，也是没办法唱的。环县道情皮影的道情，以道教、兴隆山（亦称东老爷山，位于环县东北部的陕、甘、宁三省交界处，海拔1774米，是环县道教名山）、其他庙宇为主，庙会是属于道教的，以精神为主，我们戏箱主要的活动范围就是庙会，道情皮影表演中用的伴奏乐器——渔鼓，是张果老道教上使用的东西，所以叫道情皮影。其二，在于影件的材质，环县以牛皮戏箱为主，属于黄牛皮影件。我们比较忌讳驴，不用驴皮，而以牛为贵，以驴为贱。既区别于湖南等地的厚硬纸，也有别于河北、唐山、东北三省的驴皮影。其三，在于道情皮影受道教文化的影响，蕴含着忠君爱国、伦理孝道的高台教化思想和脱离尘世、求道成仙的度化思想。其四，在于演出形态中，"嘛簧"是道情音乐独有的演唱形式，是在演唱中普遍使用的一种"帮腔"或"合唱"，会贯穿始终。

其实全国各地的皮影戏在戏剧方面都是大同小异的，在人物形象上主要借助人物脸谱，例如白脸、京脸、生丑净旦等来表达剧情人物的形象。脸谱的使用可以传达人物的善与恶、忠诚与奸诈、善良与邪恶等。皮影戏的应用范围较广，可以用于演唱秦腔、道情、碗碗剧和京剧等不同剧目。环县的道情皮影是独一无二的当地戏剧形式，主要传承于环县地区，其他地方并不存在类似的道情皮影。例如，我们庆阳市西峰区并没有道情皮影，其他七个县以及一个区也没有唱道情皮影。然而，在老一辈艺人传承的过程中，由于陕西定边地理位置靠近环县，一些老艺人曾将道情皮影的技艺传授给定边的艺人。尽管定边属于陕西的管辖范围，但他们演唱的仍然是环县的道情皮影。

笔者：就目前市面上流通的皮影来看，现在的皮影和过去的皮影之间有很大区别。您作为环县道情皮影的国家级代表性传承人，在皮影雕刻方面您有自己的技法和方式，皮影的着色方法分为石色和水色，在您看来二者之间有何不同之处？

高清旺：皮影的着色是特别讲究的，皮影的着色方法分为石色和水色，过去主要使用石色，比如绿色。过去古老建筑上的豆绿色，这种颜色不刺眼，并且有古老厚重感，石色做出来的皮影比较厚重，表面会结成块，看起来有凹凸感。我会这项技艺，但我们现在着色基本不用石色，况且现在这种颜色都没有了，因为上石色特别麻烦，耗时长，成本高，做出来的成品在市面上的价格与所拥有的价值相差甚远，不能体现成品自身的价值。在皮影被禁之后，像这样的一些技法都逐渐失传了，雕刻皮影在清朝达到了顶峰，博物馆收藏的皮影大多都是清朝的皮影。并且之前的皮影戏箱都是地主家自己组建的戏班子，逢年过节，其演出主要集中在家族内部，从来不外出作为娱乐活动表演，随着社会发展，到后期才会在民间演出参与娱乐活动。

我之前参加全国皮影大赛，来自全国 20 多个省的艺人，我们相互欣赏彼此的作品，发现皮影着色使用的都是水色方法。我们不用水彩画或者水墨画，因为它们是不透明的，一般使用的都是颜色透明的颜料，比如在民间阴阳中使用的纸黄颜料，触感是沙质的或者是碎块状，然后加入胶黏剂，用它给皮影上色，这种方法被称为水色。水色皮影的表面是平滑的、透明的，没有凹凸感，颜色饱和度较高，比如红色，特别鲜艳，但看起来也会有点杂乱。

我的皮影着色方法与别人不同。经过多年的从艺经历，我花费很长的时间研究过去的旧皮影。最终，我发现了一种着色方法，使用我研究的方法，做出来的皮影和过去旧皮影颜色一模一样，很难分辨哪个是新皮影，哪个是旧皮影。环县现在学习雕刻皮影的人都没能掌握这种技艺。道情皮影不仅在唱腔方面和其他地方有所不同，而且在雕刻和着色手法上也有很大差别，这是道情皮影与其他皮影之间的重要区别。

### 三、痴迷道情，乐此不疲

笔者：根据您的从业经历，跟皮影戏关联的产业并非发展得一帆风顺，当行业进入低谷期时，您是如何应对的？

高清旺：我当时在龙影公司工作，被迫下岗后，在环县园丁园小区买了场地，在家里雕刻皮影。那几年生意不好，环县的门面房价格也不便宜，如果租门面房开工作室专门雕刻皮影，一年房租要好几万元，加上水电费，一年挣的钱几乎都用来支付房租，开一个工作室根本不划算。我和我老婆这几十年一起工作，我负责雕刻，她负责着色。现在，只有我一个人在做这些工作，既要雕刻又要着色，在有时间和精力的情况下，我才会雕刻一些影件。

笔者：在您被评为国家级非遗代表性传承人之后，经常会有机会外出交流学习、参加展会，您都去过哪些地方？最大的收获是什么？

高清旺：2008 年，我被文化部评为国家级非遗代表性传承人，这在外界算是有一定的知名度。在这之后，大部分时间我都在外地参加各种展会，而不是待在家里雕刻皮影，正是因为如此，我收获了许多证书。除黑龙江和新疆，我在国内其他地方的展会都参加过，如曾去过中国台湾、香港等地，每次参加展会都让我开阔眼界，接触到各种人，我会收到一些皮影制作订单，这些订单都是通过展会上的人与我交流而来的。借助这些平台，我和其他省份的艺人进行了多方面的交流、切磋、学习和借鉴，相互欣赏彼此的作品等，我们都受益匪浅。

笔者：通过与您的交谈，我深深体会到，兴趣、天赋、坚持使您实现了自己的梦想，在您将道情皮影带到全国各地的展会时，哪些地方的展销使您终生难忘？

高清旺：我经常前往广州及其他地方参加各种展览，结识各类人士。每次参展期间，总能收到客户的电话，他们希望我为他们雕刻皮影，需求量也相当可观。而且，外地的客户支付的价格要高于我们这里的市场价，最起码满足了我们从业人员的物质需求。举个例子，在我们这里，一个皮影人物的价格通常为 100 元、200 元、300 元等。我还记得 2012 年，我和皮影中心的主任一起参加在北京农展馆举办的全国非遗生产性成果展会，展览持续了 15 天，仅用了七八天的时间，我携带的所有皮影都售罄了，总计销售额达到十几万元。当时，一个皮影的平均售价超过 1000 元，而且生意异常火爆，需求量巨大。后来，我携带着皮影前往北京、山东等地方，销售也十分理想，这些地方的人们对皮影文化表现出浓厚的兴趣。然而，当我前往天津、广州、深圳等工业城市时，销售并不太好，这些地方对皮影的需求并不大，而在中国香港、台湾等地，生意更是惨淡。

经过这些年的发展，我自豪地认为，我已经实现了自己的梦想。我的三个孩子都有机会上大学并获得了本科学位，如果不是学习皮影雕刻技艺，作为一个农民，我无法承担供养三个孩子上大学的费用。早期，孩子的教育和我们在城市居住的开销等费用，这些都依靠皮影技艺获得的收益来支持。直到后来，我参加了北京农展馆的展览活动，这算是我收入比较好的时期。皮影雕刻技术让我和我的亲朋好友们都得到发展，并且更加富裕。它为我们的家乡环县赢得了声望，吸引更多人关注环县道情皮影，这也为我们提供了更多的机会将这项技艺传播出去，并不断吸引更多人去传承这一技艺。

**四、肩负使命，传承技艺**

笔者："环县道情皮影戏"发展至今已有300余年的历史，与其他地方的皮影戏相对比，它的传承方式有什么特别之处？

高清旺：环县道情的传承方式属于口头传统，没有音乐乐谱或其他形式的书面记录。与秦腔不同，秦腔有曲谱可供参考。直到道情被列入非遗名录后，专业音乐人才开始制作道情曲谱。然而，近年来，环县道情在传承方面遇到阻力。为此，我们环县进行了有关道情皮影的详细记录，邀请音乐教授根据艺人的唱词为道情皮影创作了一些谱曲，这样才使得部分环县道情得以保存传承。此外，唱戏的戏班子多由祖孙、父子及其他亲属关系组成，称之为子父班，如今，子父班数量非常有限，主要是因为没有人愿意学习唱皮影戏。

笔者：学习道情皮影是一个漫长的过程，从您入门道情皮影到现在，经过您不懈的努力成为环县道情皮影的传承人，您一直在积极地推广环县道情皮影，能谈一下您的徒弟们吗？

高清旺：我刚开始带的徒弟大部分都是家人亲戚。我们龙影公司有我4个侄子、侄子媳妇、兄弟、兄弟媳妇、小舅子、小舅子媳妇、表弟和表弟媳妇等。我侄子之前跟着我在龙影公司雕刻皮影，但后来转行去开车。我在龙影公司干了几十年，刚开始，整个皮影行业的前景比较好，但是近年来，受大环境的影响，再

加上疫情的原因，行业的发展变得更加困难。每个行业都呈现出一个波浪式的发展，有高峰期也有低谷期，皮影行业的高峰已经过去，下一个高峰期到来还需要一段时间。随着皮影行业的衰落，学习皮影的人自然就不多了，之前学习皮影的一部分人也慢慢转行去做别的行业了，传承出现了断层。作为国家级非遗代表性传承人，我带的徒弟不仅限于家人亲戚，只要有人想学，我都会教他们。之前都是我一个人负责雕刻和着色，后来我妻子和我一起从事这个工作，我负责雕刻，她负责着色。前几年有一个美国女孩来学习，她的汉语说得很好，机智聪明、情商高，学了大约一周，她基本能开始刻皮影。学会之后，她还主动给我支付学费，但我婉言谢绝，只要求她给我几张美国纸币作为收藏。一般来说，只要有人想学，我都会很开心地教，但这几年很少有人学，所以每当有人来学，我就格外高兴，也更乐意教授。

笔者："环县道情皮影"被列入非遗代表性项目名录之后，国家层面给予了很多政策上的支持，您参加了很多非遗相关的活动，能讲一讲您印象深刻的活动吗？

高清旺：我作为非遗代表性传承人，将皮影技艺传承下去是我的责任。此外，每年国家会给非遗代表性传承人提供2万元的资助用于传授技艺。省级部门通常在年底或传承过程中进行考核，主要评估代表性传承人的成果，以确定其是否有能力继续传承。这2万元主要用于培训学徒和购买材料等费用，并不作为代表性传承人的个人酬劳。每年我们会带几个徒弟，需要详细记录他们的姓名、家庭地址、电话以及学习进展，并上报相关信息。提交后，负责人还会通过电话询问进行核实。由此可见，国家对非遗传承发展非常重视，并提出严格要求，起到监督管理的作用。

非遗的传承不仅要求培养传承人，还需要进行非遗进校园活动。我曾前往西北师范大学美术学院做讲座，还访问了北京的高校。有时省级文化厅会组织我们参加展览或学习活动，范围涉及的非遗种类很多，并不仅限于皮影。这种方式是非遗进校园的一种途径，可以让更多的学生认识皮影，有利于传承和推广皮影技艺。◈

# 基于新时代爱国主义教育的"中国系列"课程开发与实施

## ——以上海市敬业初级中学"墨香书联"楹联课程为例

周洁旻

**摘　要：** 上海市敬业初级中学开发并实施的"中国系列"课程之"墨香书联"楹联课程，以优秀传统文化为载体，依托各类德育资源，丰富了学生对中华优秀传统文化的学习体验，激发了学生对优秀传统文化的兴趣，培育出富有民族自信心和爱国主义精神的社会主义事业建设者和接班人。

**关键词：** 新时代爱国主义教育；"中国系列"课程开发；"墨香书联"楹联课程

楹联即对联，因古时多悬挂于楼堂宅殿的楹柱而得名，是国家第一批非遗项目。楹联作为一种传统文化形式，具有丰富的文化内涵和艺术价值，是开展新时代爱国主义教育的有效载体。作为上海市非遗进校园优秀传习基地，上海市敬业初级中学积极开发以楹联文化为核心的"中国系列"课程之"墨香书联"楹联课程，将中华优秀传统文化教育融入校园文化环境、主题节日活动及课程学习体验之中，培育和增进学生对中华民族的自信心和对伟大祖国的自豪感。

### 一、课程开发的意义

《教育部关于印发〈完善中华优秀传统文化教育指导纲要〉的通知》要求："鼓励各地各学校充分挖掘和利用本地中华优秀传统文化教育资源，开设专题的地方课程和校本课程。"[1]学校由此开发了以中华优秀传统文化为主要内容的德育特色课程，旨在培育学生的优秀品质，使学生肩负起弘扬和传承中华优秀传统文化的责任和使命。

1. 践行国家的育人方针

2024年1月1日起施行的《中华人民共和国爱国主义教育法》，将爱国主义教育纳入国民教育体系，要求各级各类学校将爱国主义教育贯穿学校教育全过程。作为爱国主义教育的一项重要内容，开展中华优秀传统文化教育对于引导青少年热爱传统文化，增强文化自信，培养能担重任的国之栋梁，有着重要的战略意义和时代价值。

2. 促进学生的健康成长

中学阶段是一个人形成人生观、世界观和价值观的关键时期，开展以楹联文化为核心的中华优秀传统文化教育，以学生发展为本，引导学生学习和涵养中华优秀传统文化，培育和弘扬爱国主义精神，对学生的成长具有重要意义，在培养学生良好的思想品德和行为习惯、形成健康向上的人格特征和价值观、促进精神成长和全面发展等方面都能发挥积极的作用。

3. 加快学校的特色发展

在教育改革不断深化、育人方式发生变革的背景下，学校需要不断探索特色化的发展道路，而中华优秀传统文化教育正是彰显学校特色发展的一条重要途径。学校积极打造以楹联文化为核心的"中国系列"德育课程品牌，不断深化、拓展和延伸品牌的内涵与外延，能为学校发展建立良好的声誉和口碑。

### 二、课程实施的途径

学校借助上海市楹联学会的专业资源，开

---

**作者简介：** 周洁旻，上海市敬业初级中学学生发展部主任。

发"墨香书联"楹联课程，并入选第一批上海学校"中国系列"课程，成为第三批黄浦区德育特色课程。该课程以楹联和书法为载体，激发学生对中华优秀传统文化的兴趣；以课程为桥梁，连通非遗传习和德育浸润，是一门书文双美、艺趣相生的课程。

**（一）环境驱动，让优秀传统文化从陌生渐变亲近**

学校在课程推进之初，先从校园文化环境的创设入手，让楹联文化时时刻刻浸润学生的校园生活。教学楼雪白的墙面上悬挂着一副副以社会主义核心价值观和家训家风为主题的优秀楹联作品。课程专用教室"翰墨轩"里，学生在老师的指导下开展写联贴联的传统节日民俗活动。学校还利用现代科技手段，专辟"楹联文化"电子长廊，既能展示学校传统文化的教育成果，学生也可以随时随地进行"人机互动"，围绕"楹联"自主开展阅读、学习和游戏，校园处处成为传统文化的育人场所。

每学年六年级新生都会收到学校精心准备的入学礼《声律启蒙》，学生们利用晨读、午会或语文课时间，在老师的带领下开展诵读，营造人人学楹联的校园文化氛围。《雏凤联画谱新音》是学校和上海市楹联学会老西门分会合作开发的学生楹联读本。学生们为楹联学会32副以社会主义核心价值观和家训家风为主题的楹联作品配上插图，通过联配画这种通俗有趣的方式，在自主探究与合作展示中，调动起学生学习楹联的兴趣，也拉开了学校开展中华优秀传统文化教育的序幕。

**（二）活动驱动，让优秀传统文化从被动成为主动**

校园活动是深受学生喜爱的一种教育形式。如何挖掘学生学习楹联的兴趣和潜能？学校首先想到的是借助校园活动这一东风，通过丰富的活动来激发学生学习传统文化的自驱力。

**1. 从"单一"到"系列"，使主体发展过程更能动**

学校的各类重要活动都能显现鲜明的楹联文化教育特色。如学校开展过"寻找最美楹联"活动、"赛楹联，书春联，闹元宵"活动、"非遗进校园"欢乐开学日活动、"六一游园乐，文化嘉年华"活动、校嘉年华汇演、城市少年宫、"诗情画艺"敬初学子评选活动等，学生们可以在各类活动中认识学习楹联，感受传统文化的深厚魅力。

随着时间的推移，"学楹联、书楹联、悟楹联"之风已渐渐深入学生的内心，单一的活动形式已无法满足学生的学习需求，于是以楹联文化为核心的又一个校园文化节日"楹联节"就这样应运而生了。"楹联节"活动时间跨度更长，活动内容更成系列化，通过楹联节节徽设计、楹联知识库征集、楹联闯关大擂台、楹联主题创作等活动的开展，把学习的主动权交给学生，学生们在潜移默化中逐渐形成文化自觉，从被动完成任务转变为主动探究学习。有这样一个事例：在一次楹联节的一场知识讲座中，老师留下了一副对联的上句，欢迎同学们来对句。老师发起的"挑战"成功吸引了几位已学习掌握了一些楹联创作方法的八年级学生，只要想到一句"好句"，学生们就会主动去找老师探讨，交流过程中充满了学习的乐趣。这就是楹联的魅力。

**2. 从"校内"到"校外"，使主体发展结果更丰富**

学校在苦练内功的同时，也在积极向外拓展和构建优秀传统文化教育发展的多元支持体系。"墨香书联"楹联课程分别走进大世界非遗传习教室、上海市第十五届教育博览会、上海市中华优秀传统文化主题月展示、上海文庙祭孔大典，多次在韩国釜山教师代表团、中国台湾学生代表团、贵州遵义教师代表团等学校接待任务中进行展示。越来越多的学生参与到如上海市"我是非遗传习人"比赛、上海市楹联学会征联征对比赛、联教基地学校师生书法联展等活动中。学生们在楹联文化教育实践中，逐渐找寻到自己感兴趣和最擅长的传承点，大大提高了对中华优秀传统文化的认同度。

**（三）课程驱动，让优秀传统文化从学校辐射区域**

《义务教育课程方案（2022年版）》（以下简称"新课程方案"）指出义务教育课程应遵循以下基本原则："依据学生终身发展和社会发展需要，明确育人主线，加强正确价值观引导，重视必备品格和关键能力培育。精选课程内容，注重培养学生的爱国情怀、社会责任感、创新精神和实践能力，奠基未来。"[2]可见传统文化教育在"新课程方案"中得到进一步的加强。学校通过课程建设，以满足学生更全面学习中华优秀传统文化的需求。

1. 立足语文课程，寻找文化价值

义务教育阶段的语文课程围绕立德树人的根本任务，充分发挥着其独特的育人功能。学校立足语文课堂，以教材中的"综合性学习"为抓手，将楹联文化和语文学习相融合，发挥出了语文课程的德育功能。详见表1。

**表1 语文教材里的"楹联文化"**

| 年级 | 综合性学习主题 | 楹联学习内容 | 中华优秀传统文化教育重点 |
|---|---|---|---|
| 六年级 | 我的语文生活 | 寻找"最美对联" | 激发兴趣感受传统文化之美 |
| 七年级 | 天下国家 | 爱国诗歌里的好联佳句 | 家国情怀教育 |
| 八年级 | 人无信不立 | "诚信大家谈"楹联主题创作 | 中华传统美德教育<br>社会主义核心价值观教育 |
| 九年级 | 君子自强不息 | "青年当自强"楹联主题创作 | 中华传统美德教育<br>人格修养教育 |

2. 精编校本课程，打磨做精做深

"课程开发的价值在于为学生个性化发展、素养提升提供自由空间，从而获得最大的学习收益，更好地实现个性化和社会化。"[3]学校依托优秀教师团队，积极开发"墨香书联"楹联课程（包含"漫游楹联王国"和"墨香书联"两门课程），编写楹联读本《漫游楹联王国》和《墨香书联》，利用每周的综合拓展课时间授课，进

一步提升"楹联文化"在学校课程建设中的重要作用。校本课程的开发与实施，旨在将中华优秀传统文化教育做精做深，通过"读、写、思、书、研"教学五个环节的落实、联合历史、道法等课程开展跨学科学习以及项目化学习等途径，让学生汲取更多的传统文化养料，培养中华优秀传统文化的继承者和弘扬者，推动文化传承创新。详见表2。

**表2 "墨香书联"楹联课程框架**

| 分类 | 模块 | 主题 | 课题 | 主要内容 | 课时 |
|---|---|---|---|---|---|
| 漫游楹联王国 | 第一站 | 概念 | 楹联的起源 | 楹联的发展过程简介 | 2 |
| | 第二站 | | 楹联的种类 | 楹联如何分类；在哪些场合使用 | |
| | 第三站 | | 楹联的书写 | 书写、张贴等要求 | |
| | 第四站 | | 楹联的特点 | 字数相等；词性一致；平仄相对；内容相关 | |
| | 第五站 | 平仄 | 楹联的平仄 | 平仄定义、规则、使用 | 2 |
| | 第六站 | 对仗 | 楹联的对仗 | 对仗定义、规则、使用 | 2 |
| | 第七站 | 格式 | 楹联的基本格式 | 格式要求及相关练习 | 2 |
| | 第八站 | 节奏 | 联句的节奏 | 节奏划分等基本练习 | 2 |
| | 第九站 | 词性 | 词语的组成结构 | 词性、短语等基础知识及练习 | 2 |
| | 第十站 | 修辞 | 楹联的技巧 | 析字、叠字、回文、音韵、嵌字等技巧联学习及练习 | 3 |
| 墨香书联 | 一 | 笔墨纸砚 | 下笔如有神：笔；墨妙称古绝：墨；纸上看南山：纸；野泉声入砚池中：砚 | 文书工具的种类和功用；书家故事一 | 2 |

| 分类 | 模块 | 主题 | 课题 | 主要内容 | 课时 |
|---|---|---|---|---|---|
| | 二 | 临池学书 | 基本笔画；组合笔画；精选部首；浅摹框廓 | 临摹字帖；书家故事二 | 6 |
| | 三 | 入木三分 | 独体字；左右结构；上下结构；内外结构 | 分析鉴赏不同字形；书家故事三 | 10 |
| | 四 | 谋篇布局 | 疏密大小；长短偏斜；对插重并；向背孤单 | 字的中心和平衡；书家故事四 | 6 |
| | 五 | 墨香书联 | 书写社会主义核心价值观；学生习作展示；胸有成竹：创作楹联；妙笔生辉：书写楹联 | 学习社会主义核心价值观；书家故事五 | 6 |
| 中华优秀传统文化教育重点 | 学习名家品质，提升个人修养，感悟家国情怀，树立文化自信，肩负弘扬和传承中华优秀传统文化使命。 | | | | |

### 3. 化身共享课程，发挥辐射效应

"墨香书联"楹联课程作为第三批黄浦区德育特色课程，通过课程共享的实践研究，在发挥区域辐射作用的同时，也进一步促进了学校中华优秀传统文化教育的发展。目前共有四所课程应用校，为更好地满足不同学校不同年段学生的学习需求，学校课程团队不仅送教上门，还根据课程特色和现有资源，设计"课程共享应用菜单"，其中包含课程体验、游戏闯关、技艺学习、资源分享等九项共享内容供应用校选择。区域共享课程实践让优秀传统文化的种子播撒在越来越多的学生心间，校际合作同心共育楹联之花。

### 三、课程实施的成效

学校始终认为，"墨香书联"楹联课程不仅是传统技艺的传承，更应侧重于精神传承，培养学生对中华优秀传统文化的兴趣，培育有理想、有本领、有担当的时代新人。在学校的精心"浇灌"下，最终绽放出具有深厚文化底蕴和充满文化自信的绚丽之花。让文化传承在校园绵延，让传统文化焕发勃勃生机。

#### 1. 学生有收获

学校开展以楹联文化为核心的中华优秀传统文化教育，既重视"面"上的学习普及，让更多的学生能真正热爱中华优秀传统文化，提升发现、欣赏和创造美的能力，展示文化自信。也重视"点"上的质优培养，学生在"我是非遗传习人"比赛、各类楹联创作和书法比赛中崭露头角，得到锻炼、收获成长。

#### 2. 教师有发展

课程建设，教师是关键。学校的楹联课程教师团队，在课程开发与实践中，自身的专业能力和素养都得到了快速提升。课程教师撰写的论文、课例发表于《上海楹联界》《非遗传承研究》等杂志，并荣获上海市"我是非遗传习人"金奖、黄浦区"优秀非遗传习教师"等多项荣誉。

#### 3. 学校有特色

随着学校优秀传统文化教育的深入推进，"中国系列"楹联课程也如同一张闪亮的名片，成为学校文化建设的特色品牌，曾被多家主流媒体报道。今后学校还将进一步整合和完善德育资源，让楹联传统文化在新时代焕发更强的活力和生命力。◈

**参考文献：**

[1]教育部关于印发《完善中华优秀传统文化教育指导纲要》的通知[EB/OL].http://www.moe.gov.cn/srcsite/A13/s7061/201403/t20140328_166543.html.

[2]中华人民共和国教育部.义务教育课程方案（2022年版）[M].北京：北京师范大学出版社，2022：4.

[3]张熙.学校课程建设的价值审视和未来走向[J].中小学信息技术教育，2018（6）：21—24.

# 非遗在社区　助力乡土文脉传承

## ——以金山农民画为例

徐春燕

**摘　要**：文章以金山农民画为研究对象，梳理金山农民画在社区的传承现状，并对其传承结构、传承队伍、传承渠道和传承方式进行深入分析。力求紧扣乡村振兴战略，综合运用传统和创新方式，推进金山农民画在社区的传承发展。

**关键词**：金山农民画；非遗传承；乡村振兴

金山农民画以江南乡土艺术为底色，运用强烈的色彩反差和夸张的表现手法，展现出了丰富多彩的农村生活和乡土记忆。金山农民画于 2007 年列入首批上海市非遗保护名录，是金山区著名的文化名片，也是金山区非遗瑰宝，有着广泛的群众基础。上海市金山区紧密结合乡村振兴战略，聚焦城市化社区转型特征，按照活动有阵地、资源有共享、管理有机制、推进有保障、社区有生态、国际有影响的"六有"目标，扎实推进金山农民画在社区的传承传播。

### 一、构建以点带面、立体多元的金山农民画传承架构

蔡丰明曾提到，上海的民俗文化与非物质文化遗产存在传承人严重递减的现象，需要依靠建立完善的民俗文化传承机制，加大对民俗文化遗产传承人的保护力度等措施来改变这种民俗文化后继乏人的状况。[1]金山农民画作为上海民俗和非物质文化遗产中的重要部分，对其的传承和保护理应得到重视。为构建以点带面、立体多元的金山农民画传承架构，金山区以全区各街镇为单位，积极推动农民画市区级两级非遗传承人和金山农民画院评定的画师全面深入"扎根"全区 11 个文体中心及社区、学校等。金山区以朱泾镇、枫泾镇为传承重点，辐射至全区各个村镇，采用以点带面、点面结合、全区整体传播的金山农民画传承模式。

金山农民画项目保护单位是金山农民画院，驻地在朱泾镇，承担着保护、研究、传承和指导金山农民画发展的职责。1989 年，金山农民画院成立。金山农民画院成立以来，展览、培训和活动持续不断，朱泾人耳濡目染，人人知晓金山农民画，群众基础最为扎实。2006 年 4 月作为中国十大魅力乡村之一的枫泾镇中洪村，为发展特色旅游兴建农民画村正式挂牌并对外开放，称为"金山农民画村"。随着全国十大画乡的农民画画家陆续进驻，金山农民画村于 2008 年 4 月隆重揭牌为"中国农民画村"。农民画和旅游相结合是一个重要的对外宣传窗口，极大地提升了农民画的传播力和影响力。

金山区农民画从 2018 年开始就将传承工作从原来"植入式"的"进社区"向"造血式"的"在社区"转变。金山农民画以朱泾、枫泾两镇为引领，在全区各镇以社区、村居、工作室、党群服务点、老年大学、晚托班等为点位，吸引金山百姓主动融入，并广泛培养农民画爱好者。如朱泾镇钟楼社区服务中心、传承人曹秀文画村工作室、山阳镇香颂湾居委会、石化海棠小学晚托班等，都长期开设农民画培训班，吸引了大批居民和学生学画农民画。

---

**作者简介**：徐春燕，上海市金山区博物馆（金山区非物质文化遗产保护中心）副馆长，馆员。

## 二、建设传承有序、保障有力的金山农民画传承队伍

金山农民画传承有序离不开壮大传承人队伍。充分发挥6位市级非遗传承人和19位区级传承人的职责，以金山农民画院、中国农民画村、农民画传习基地等为平台，积极开展农民画创作和辅导工作。推进农民画学习和体验活动，在金山区11个街镇开展"有农有画"金山农民画传承学习班，深入基层村居、社区、机关事业单位，由金山农民画传承人、画师进行授教工作，已开展教学活动300多场，为市民提供了美育体验平台，满足了人民群众精神文化新需求和美好生活新期待。同时，还成立校园教师创作队伍，持续推进金山农民画进校园各项工作，建立农民画教师研修班及基地学校等。从中小学和幼儿园教师中选拔出一批人员，进行农民画艺术的培训和辅导。经过甄选，现有37位相对固定的金山农民画指导老师，他们立足各个学校，活跃在教育条线上。金山区还持续开展金山农民画师评定工作，目前共有32位画师也在积极发挥着保护和传承作用。另外，全区还拥有社区农民画创作团队11支、残疾人画家团队2支，金山农民画传承人队伍日益壮大。在此基础上，进一步推进"种画育人"创作学习班进校园活动，开展"大美中国·我和我的家乡"金山农民画儿童绘本校园巡展，在金山区海棠小学、前京中学等学校展出，提升和培养青少年对于农民画的认识与传承精神。

金山农民画传承得到加强业务技能培训及资金扶持的双重保障。充分利用上海市文化和旅游局万人培训资源和相关高校等平台，加大对金山农民画传承人、画师和骨干力量的培育。坚持组织农民画家外出采风，丰富创作素材，增强画家之间交流，促进农民画的创新型发展和创造性转化。2022年就开展了10项主题创作活动，参与市级、国家级创作活动，创作新作品300余幅，120余幅优秀作品被选送市级、长三角、国家级展示活动。2023年金山农民画院积极响应"浙里石榴红·共绘亚运梦"民族画长卷迎亚运创作，组建创作团队，由六位金山农民画家共同创作6米长卷《水墨江南 缤纷亚运 共赢未来》。在滁州美术馆开展的第九届中国农民歌会系列活动之画里乡情"新生活·新风尚·新年画"长三角农民画优秀作品展中，金山农民画入展了足足40件……参加全国各地的艺术画展，创作主题农民画活动，注重艺术文化之间的交流，金山农民画时刻牢记并实践着创新创造的新风向。同时，探索建立"金山农民画家创作扶持办法"，重点对主题公益创作及农民画作品获奖作者进行奖励扶持，对农民画家带徒授课等开展资金补贴，保障画家们的生活品质，使其能够全身心投入到金山农民画的创作和传承工作中。

## 三、拓展形式多样、广泛覆盖的金山农民画传承渠道

五年多来，金山区扎根到基层社区，拓展形式多样、广泛覆盖的金山农民画传承渠道，体现为：培训是非遗传承的有效渠道之一，展览是非遗传承必不可少的渠道，主题创作是非遗传承的理想渠道，氛围营造是非遗传承的直接渠道。

### 1. 培训是非遗传承的有效渠道之一

民俗艺术的保护，要积极扶持其现代传承，举办专业培训班或鼓励民间艺人拜师收徒培养传人，促使传统的以家庭或家族的民俗艺术传承方式继续发挥作用。[2]金山农民画以"有农有画"品牌项目，坚持不懈地为社区百姓举办农民画培训班，截至2023年底已完成300多场培训，受益人群有职场白领、企业职工、学生群体和退休人员等。培训过程中针对不同群体的需求开设各类培训班，在各社区点举办长期班的基础上，还依托社区培训学校、社区老年大学等，开设了农民画暑期班、突击提升培训班、失独人员体验班，残疾人培训班等特殊群体培训班，营造全民知画学画的浓厚氛围，助力乡土文脉的传承。如张堰镇孙新观、孙连观、孙辉观三姐妹，都已年过六旬，从小喜欢画画，但因家庭贫困，只能忙着赚钱养家，没有机会学画。退休后，三姐妹一起再圆儿时梦。从零基础的临摹到现在能独立创作作品，三姐妹用熟悉的乡村生活构思出了很多创作题材，迫不及待想把它们都画下来。住在城里的孙子看到奶奶的画，也越来越了解和喜欢农民画和画中的乡村生活，潜移默化中延续着一方乡土文脉的传承。

### 2. 展览是非遗传承必不可少的渠道

金山农民画结合科技文化卫生"三下乡"活

动，将展览办到田间地头。2023 年"三下乡"活动时，就在朱泾镇大茫村举办了农民画专题展览。将展览办到人多的地方，2023 年"有农有画"金山农民画传承学习成果展在吕巷水果公园举办，百名学员的百幅作品精彩呈现。"彩绘金山"2023 年中国农民画邀请展，展期不到 1 个月，参观人数达到近万人。人们可以从一幅幅画中感受乡村生活的富足、美好。

### 3. 主题创作是非遗传承的理想渠道

近年来，金山农民画以主题创作为抓手，凝聚和培养了一批农民画家。如 2021 年为庆祝中国共产党成立 100 周年创作的百米长卷在中共一大会址展出，《金山"三个百里"》亮相党的二十大会场，《水墨江南 缤纷亚运 共赢未来》金山农民画长卷献礼杭州亚运会。金山农民画走进高端重要的场合，提升了金山农民画的认可度，进一步增强了画家们的文化自信，也提升了大家的传承责任和担当。

### 4. 氛围营造是非遗传承的直接渠道

在金山，房屋的整面墙都被绘上农民画的情景随处可见。2023 年吕巷镇将二十四节气的农耕文化，用农民画的方式，绘画在村民家的外墙上。一幅幅农民画展现了不同节气的农村生产生活场景，让人沉浸在江南四季不同的美景中。什么时节该耕种，什么时节是收获，这些知识在城市化飞速发展的背景下，再次唤起大家对乡村的记忆，是乡村文脉传承最直接的渠道。

## 四、打造数字创新、IP 升级的金山农民画创意体验

随着数字化时代的到来，数字藏品逐渐成为一种新风尚，越来越受到年轻群体的青睐。饱含着农村生活和乡土记忆的金山农民画与时俱进，正打造数字创新、IP 升级的金山农民画创意体验。

2023 年，中国农民画村与上海寺页科技有限公司就金山农民画数字藏品发行达成战略合作，共同探索数字藏品对农民画发展的带动作用。此次与数字藏品的碰撞立足中洪村的人文特色和丰富的资源，持续放大金山农民画的辐射和带动效应，助力乡村文脉传承。在农村经济建设中，金山农民画可以落实到招商引资和

促进经济社会全面发展上，将无形的文化资源转换成有形的文化产业，可以使金山农民画发挥更大的作用，推动当地的经济文化发展。[3]数字藏品的"出圈"，成为发展农文旅结合，解锁乡村振兴的新密码。相较于传统藏品的局限性，通过对农民画进行数字化开发，将优秀资源实现多途径价值转换，不仅保护了农民画本身的价值，也通过更多崭新的创意转变成为新产品、新业态，助力乡村文化的发展。

金山农民画联手"剧本杀"，跃升了传统文旅 IP 的价值能级，"由形入神"走好乡村振兴之路。沉浸式剧本游戏将中洪村四个时间节点加入金山农民画元素，串联成一个百年故事，体现了中洪村欣欣向荣的百年变迁。沉浸式"中国农民画·剧"项目备受关注，金山农民画这个传统文化 IP，以崭新的表现形式，打破画框，将其与"剧情"结合，设计出沉浸式、互动式体验，吸引了年轻群体的加入。"中国农民画·剧"项目包括"剧本杀"和"小剧场"两种形式。推出的农民画剧本杀，结合了金山农民画元素与"枫泾暴动"红色主题元素。用农民画"上色"概念串联起散落在村中的 4 个剧情点，让参与者走入历史瞬间，做任务、解谜局、完成剧情。

这些年，金山农民画的传承结构、传承队伍、传承渠道和传承方式不断优化，紧扣乡村振兴战略，金山农民画在社区的传承发展效果显著，对乡土文脉传承起到积极的推动作用。金山农民画作为金山的代表性非遗项目，承载着浓厚的地方文化和历史传统。金山农民画综合运用传统和创新方式，使社区居民能够更好地感受到金山当地的独特魅力，进一步加强对当地的文化认同。◆

**参考文献：**

[1] 蔡丰明. 上海城市民俗文化遗产的传承机制及主要形式 [J]. 徐州工程学院学报，2009（5）：67—71.

[2] 陈勤建. 略谈民俗艺术的保护和建设 [J]. 美术观察，2004（3）：13.

[3] 郑土有，奚吉平. 中国农民画考察 [M]. 上海：上海人民出版社，2014：23.

# 匠心筑梦，择一事钟一生

## ——我的非遗传承之路

李永安

沙市人的口头禅：玩东西要么不玩，要玩就要玩出个名堂来。也许这就是楚人不服周的犟劲。从 1985 年至今已有 40 年，我将非遗传承当作业余爱好玩了一生，也为之奋斗了一生。

### 一、初探木雕，得心应手

幼时爱好做手工玩具，为后来的非遗创作打下了坚实的基础。20 世纪 80 年代初，改革开放的春风吹遍祖国大地。时任行管工作的我，首要的任务是把医院建成花园式单位。在院容院貌的规划上，儿时的写写画画还真起到了作用。挖鱼塘、建湖心亭、曲桥水榭、堆山理水、花卉盆景等，我忙得不亦乐乎。医院的环境改变促进了医疗卫生事业的发展，最终沙市第三人民医院被评为市文明样板单位，成为精神文明对外窗口，负责接待省内外兄弟单位参观学习，当时的卫生部部长崔月梨也来医院视察。

在绿化美化上，没有专业人才是不行的。医院将时任沙市总工会的花工周顺之调入，这位周师傅便成了我参与非遗创作的引路人。最初，我参与非遗创作的第一个项目是树根拼凑几架制作。当时盆景的摆放需要几架，而恰巧周顺之早年在天津当兵时就学习并掌握了几架制作技术。之后，我们到荆门、远安及长阳山区采购了山葡萄藤及老树桩，自己动手制作几架。这既满足了实际需求也节约了资金，几架一时间成为沙市盆景装饰的亮点。

周顺之的老丈人赵福初是沙市工艺美术厂的木雕大师、掌舵人，他培养的徒弟陈原玉、陈厚生、湛文心和肖书斋自然成了沙市木雕界

的顶梁柱。我同周顺之到他们的家中以及工作室进行学习交流。在频繁交往中，这些前辈就成了我的良师益友。1987 年，全国兴起了根雕热，我也顺势加入其中。在树根拼凑的基础上，加之学习前辈木雕技艺，我的根雕创作顺风顺水，一干就是十几年。

1988 年，我在《花木盆景》杂志上发表了三幅树根几架作品照片。1991 年，中国第二届根艺展在沙市召开，我的根雕作品《孔雀公主》获得三等奖。1994 年，我的根雕作品《八仙过海》获得湖北省第三届根艺展二等奖。2000—2001 年，我在中国《花木盆景》杂志上发表《浅淡触木雕技术与根雕的创作体会》等四篇论文及数十幅作品照片。

### 二、另辟蹊径，学有所成

雕塑是城市及单位的形象标志。为提高医院环境品位和体现良好的医患关系，医院决定建一个形象雕塑，名为《母子情》，请沙市绿化办公室童显雄完成。这给了我学习雕塑的机会，也使我结识了一位雕塑老师。当时我为保证质量，从小样审定到泥塑制成我都参与其中，后来还直接参与了两座白求恩雕像的制作。这些经验，加深了我对雕塑制作的认识和理解。此外，为提高动手能力和改善医院环境面貌，我以瓷塑鹿为原型，在童显雄的指导下，从搭骨架到泥塑翻模到水泥浇注都独立完成。经验在实践中积累，这也提高了自己的造型能力。

1998 年，张忠义送我两块金丝楠木板。这是好材料，奇妙的纹理、温润的质感，令人爱

---

作者简介：李永安，湖北省荆州市非遗项目"浅浮木雕技艺"代表性传承人。

不释手。材料的确好,但是做什么?这令我陷入沉思。木雕和根雕有质的差异。尽管做根雕时运用了木雕技法,但也只是简单的尝试。根雕的造型特征是因材施艺。天然树根像什么就做什么,主要是开像,局部处理一下,天人合一就是一件好的作品。而木雕从构思到构图到每一个细节都要雕刻。为难之际,我请来童显雄,将材料和自己的想法告诉他,想听听他的意见。况且此时根雕也遇到一些困难,要考虑转行了。

童显雄毕业于湖北美术学院雕塑系,他的专业是木雕、石雕。童显雄系统地介绍了我国四大木雕状况,木雕殿堂博大精深,有数千年传承,且传世佳作遍地都是,令人向往。根据荆州金丝楠木以板材为主的实况,童显雄建议可考虑做浅浮木雕。做浅雕需要材料少,以一块 10 厘米厚的木板做高浮雕,只能锯 2—3 块木板。做浅浮木雕至少可锯 5 块木板。从工艺上看,浅浮木雕属精细木雕难度大。在历史上,做的人稀少。但是不妨在冷门上搏一搏,也许还有出头之日,况且圆雕高浮雕做的人太多,没有优势。此外,童显雄还提醒,要慎重考虑,如果半途而废,那么成功的希望很小。

高艺术价值的诱惑,高技术难度的恐惧,令我权衡再三。以楚人不服周的犟劲,再加上我是业余爱好,不以此谋生,便值得一搏。我说干就干,先是从镇纸小件开始尝试。到 2000年,童显雄看了我做的作品后,认为有点意思,但方向要调整,简单图案形的没有优势。现在有了一定的基本功后,便可以做人物造型的木雕画。童显雄说人物是最难的,建议做历史名画,这是对国画的再创作。这样既弥补了绘画基础差、构图难的弱点,也规避了剽窃仿造的嫌疑。由此,我的创作方向就定为古木仿古画。

2001 年,我的第一幅以工笔国画为粉本的浅浮木雕画《扇画仕女》完成,规格 340 毫米×340 毫米,菱形,中间扇画,四周卷草纹镂空。经好友张忠义拿给荆州博物馆馆长滕壬生看,滕壬生看后,评价道:"东阳工,十分精美,四级工水平。"这一肯定,给了我莫大的力量,更坚定了我继续创作的决心。2005 年,耗时 3 年的大幅木雕画《群仙祝寿图》完成,规格 1900 毫米×500 毫米,原国画作者任伯年。沙

市木雕前辈湛文心看后大加赞赏,他细细品味之余说道:这么浅、这么大的浅浮木雕还未见过,了不起。画板上还留一空地,我说准备题跋的,湛文心说我来帮你。第二天,他便请来他的发小蔡国华为此画题写跋语。蔡国华当即拿起电话联系作家朱新繁来看作品,朱新繁到来后邀请刘江树前往。小小陋室、一幅木雕画让雕匠、诗人、作家、书法家聚集,给了我极大的鼓舞。

几天后,湛文心兴致勃勃地来到我家,说查到了这种雕法叫"薄地阳纹"。他随即将 1984年出版的由金西崖、王世襄合著的《竹刻艺术》展开。书中精辟的论述和实物照片参考,为我的浅浮木雕画找到了理论依据和实物,更加坚定了我创作浅浮木雕画的信心,于是此书成为我浅浮木雕画的创作指南。

### 三、匠心技艺,创新传承

《竹刻艺术》是我的良师益友,我反复研读。从竹刻艺术的发展史上不难看出,从明中叶到清中期,以雕刻再现书画实为后期变化的主要因素。书画家参与雕刻设计构图是这一变化的关键原因,这促进了雕刻艺术的发展。回顾我制作浅浮木雕画"古术仿古画"以历代名家工笔国画为雕刻粉本,正是《竹刻艺术》一书所阐述的雕刻再现书画,此艺术风格传承已数百年史,只是自己知识面窄不知道而已。从此我将自己的浅浮木雕画创作归类于雕刻再现书画流派,是对传统艺术的继承和发展。

2011 年,我创作的浅浮木雕画《人物四条屏》(规格 900 毫米×205 毫米×4 块,原画作者为任伯年),参加湖北省第三届绝技绝活大赛,获得银奖。此作品曾在 2008 年中国收藏书画专辑杂志上刊登。2013 年,我的木雕画作品《群仙祝寿图》(规格 1900 毫米×500 毫米),获第十四届中国工艺美术大师作品暨国际精品展"国信百花杯"金奖。2014 年,我获湖北省民间工艺技能传承大师称号。2017 年,我被授予湖北省工艺美术大师称号。2021 年,我被认定为荆州市非遗项目"浅浮木雕技艺"代表性传承人。2022 年,我获"收藏好手艺——中国工艺美术年度作品推荐收藏大赛"第一名。

艺术创作项目的选定,决定了艺术创作的

成败。当初选择浅浮木雕，并以古木仿古画的创作历程，到作品参赛获奖，得到专家学者、大众的认可，这说明我对创作方向的选择是正确的。以工笔国画为雕刻粉本，使雕刻画再现国画风貌，是对国画的再创作，是雕刻技艺的升华创新。将此种雕刻艺术风格归宗于早已存在数百年的雕刻再现书画艺术流派，是艺术发展的必要。

雕刻为什么要再现书画，其实质是人们对雕刻艺术审美的要求。有史以来，建筑家具多以木材为主，与人们的生活息息相关。当简单的几何图案花鸟虫鱼不能满足他们的需求时，书画家就给雕匠画图，再由雕匠去雕。新出现的富有诗情画意的画面就成了他们的心爱之物，使雕刻艺术焕然一新，从而推动了艺术的发展。纵然雕刻再现书画已成为时尚，但雕刻构图仍然是雕刻艺人的瓶颈。当下我们雕刻人所面临的问题：一是雕什么，构图和设计；二是如何雕，实现构图所表现的意境。我选择这种高难度的雕刻再现书画形式，不是我的绘画水平有多高，而是享受了应用现代高科技复印机复印的成果。它解决了国画的临摹问题，更便捷的是还可以根据材料大小的需要而对国画放大、缩小，因此，将国画临摹到木雕作品上，在现在就不是问题了。

## 四、用雕刻再现书画的作品体会

浅浮木雕作品的表现形式多样，以木雕画为主。我创作的大型《八十七神山卷》（规格2800毫米×320毫米）；小型《金陵十二钗》首饰盒（规格100毫米×70毫米）40余幅；杂件、镇纸、臂搁、座屏、插屏、笔筒、把玩件、挂件等60余件。材质以金丝楠为主，也有黄花梨、紫檀、酸枝、黄杨、竹等。创作雕刻再现书画的作品，我觉得，重视工艺流程、读懂画、正确理解线的含义、讲究现代雕塑技法的运用等缺一不可。

### 1. 重视工艺流程

先后为七个步骤：（1）设计、构图，要选好工笔国画；（2）描粉本、定位线，要求准确流畅；（3）阴刻，防止雕刻线被抹掉；（4）留地子、起位线，要控制雕刻高度，雕刻物体同底平面留有90度台阶；（5）开坯，以轮廓线为基础将各个物体雕出；（6）精雕，对照原图借助光线对雕刻面进行调整；（7）打磨抛光。

### 2. 读懂画

读懂画，找出国画构图规律与雕刻用刀的关联，做到画为我用。为此，首先，要把握国画构图的特征。国画构图展现的物体错综复杂线条千丝万缕，令人眼花缭乱，特别是复印到木板上的线条无处下刀。当我们静下心来，仔细观察分析，就不难看出，画面都是由一个个、一组组的物体有序地组合而成，由下向上看，前面物体的顶部总是盖住上面物体的一部分，从侧面向中间看，正面物体总是盖住侧面物体的一部分，这种构图规律、给雕刻提供了化整为零、各个击破的依据。其次，把握国画构图的层次。物体间的分离构成国画的层次，这种层次也是雕刻层次。画面物体相交时，一根线遇完整的另一根线时相交则将是折断的。这条完整线就是物体相交的分割线，层次线。我们用平刀沿分割线深刻一刀，然后将刀呈40度。刀口一侧对准分割线，沿折断线一边斜剔出一道呈V形切面，这时两个相交物体就自然分离了，再繁杂的画面依此法用刀，雕刻画面层次清晰明显。再次，理解不同形状线条的含义。如风吹荷叶，边沿线呈弧状，向上、向下、向内翻卷，向上表示凸起，向下表示凹陷、向内表示翻卷。

### 3. 正确理解线的含义

正确理解线的含义，是为雕刻面做准备。为此，首先，注重实物固有形态的还原。如上面提到的风吹荷叶形态的雕刻，向上弧线，沿弧线最高处用平刀向两边剔出自然凸起向下弧线用适当圆凿，剔出凹槽自然向下向内弧线用刀沿弧线深刻一刀，然后平刀一侧刀尖对准弧线呈40度角斜剔一个面，弧线自然凸起同荷叶平面分离，这时荷叶边沿向上向下向内变化，不在一个平面的形体就显得灵动，就变成了立面，动感强劲。其次，面与面间的转折与过渡，转折过渡要适度圆滑，和谐统一、保持整体的一致性。再次，隐性面的处理，如白描人物面部、画面只有五官的轮廓线，额头、上眼睑、下眼睑、下巴等部位是没有线条表示的（西画素描有所表示），但没有不等于不存在，要真实地立体表现人的面部，这些部位都得做出来，

轶闻口述 Oral Anecdotes

非遗传承研究 2024 (2)

这就需要雕刻者加强解剖素描知识的学习、多动手、积累经验。最后，雕刻面的机理和质感，正确利用现代雕塑中浮雕理念和技法、形体部位要准确、饱满、过渡自然圆滑得体，注重刀法的运用，不计较笔墨效果，避免平浅单。

### 4. 讲究现代雕塑技法的运用

运用现代雕塑技法，主要有比例压缩法和纳阴纳光法。比例压缩法，严格对形体由前至后关系进行压缩，处在前面的物体高处在后面的低。这种根据远近层次关系做出来的浮雕有较强的层次感和真实性。纳阴纳光法，利用光与面之间不同角度产生的明暗关系来塑造形体的立体感，及凸起的亮，凹陷的暗和灰，所有凸起的都安排在一个层面上。不注重物体自身的自然前后关系。这是利用了人视觉错觉达到的效果，后面的人或物体的下半部则隐没在前面的人或物体后面。另一点是雕刻起位线和定位线的运用。

### 5. 巧妙运用光线

国画中墨分五色，雕刻中光分五彩。立体物件的观察需要借助于光，物体呈现的明暗灰就是国画用色的浓淡焦，理解了二者之间的关系就为雕刻用刀找到了依据。特别是作品粗雕完成后，可借助于光线照射画面显示出的明暗关系来判断雕制形态是否准确，进行适当的调整。

### 6. 雕刻技法与技巧

技法是传统木雕表现各种物体形态的方法。技巧是雕刻者对雕刻物体固有特征的了解、理解程度和对物体形态的还原能力。简言之，目中的物体形态就是雕刻效果，就是雕刻行话所说的悟性。我制作的《十二金钗》首饰盒，雕刻深度1米，人物头部指甲壳大小、人物五官从鼻尖到脸部边缘、额头、眉弓、上眼睑，下眼睑，嘴角，下巴等这些形态体积的变化都在零点几毫的范围内。哪一层应该剔多少毫米，并没有固定标准其间必须用心，用感悟在雕。有的人感到力不从心、无从下手，实质是心中无像。技艺是经验、悟性的必然反映。当然这一切的底蕴是多学习、多体会、多练习的结果。

### 7. 心手合一，刀随人意

用刀、胸有成竹、平心静气、刀要稳、角度正，沉力均匀，起止自如，阴阳结合，顺其自然。

### 8. 重视雕刻再现书画的定位

以木板为载体，以传统中国工笔国画为粉本，用浅浮木雕形式在木板上立体呈现。它集诗、书、画、印、雕于一体、极大地丰富了雕刻的艺术语言，是国画与木雕相结合的产物，是对国画的再创作。其艺术特征、构图严谨、气韵生动，物象写实、形态逼真、精细圆润、藏锋不露。

### 五、艺术互通，交流互促

艺术门类间的相通与相融，促进了艺术的发展。在创作浅浮木雕画的过程中，这种超浅、精细圆润、藏锋不露的艺术特征引起了同仁们的关注。特别是画面以工笔国画为题材吸人眼球。

2021年，张忠义（善拓印章边款及石碑），提议我如果将木雕画制成拓片效果肯定好。又是一新的创作。这正合我意，于是我自制拓包，买来宣纸拓。结果用拓石碑的拓法，拓出的效果不理想，而且墨透纸被，把木雕画作品污染了，只好作罢。与唐明松谈到此事，唐明松说可用铅笔或炭条拓。此法我小时玩过，用铅笔描拓硬币，图案清晰。用铅笔描拓木难画、线条轮廓、画面都还可以，但铅笔用手一抹就掉了，且画面变得模糊，看来也不行。直到张昆明亲自演示拓片过程、讲解要领，我再上网搜寻拓片技艺，了解和基本掌握了浮雕拓片技法、经反复拓制终于克服了过墨、画面层次不清晰的问题，逐步形成了浅浮木雕画的拓制方法。

从拓片历史渊源上来说，其发展由来已久。用极薄宣纸，蘸淡墨轻拓，望之如淡云笼月，称为蝉翼拓。乌金拓适用于平面碑刻，蝉翼拓适用于铜镜、钱币等小型浅浮雕。

从拓片的艺术特征上来看，主要包括以下几点：（1）构图严谨，拓片构图取材于历代名家工笔国画，主题明确，画面壮丽极富感染力；（2）水墨画韵味浓烈，捶印过程中高处着墨多显黑，过渡部位着墨少呈灰，凹陷处不着墨显白，为追求捶印效果人为地局部控制浓淡，致使拓片呈现黑白灰色调，国画水墨画表现形式自然呈现，加之本身是国画，说拓片具有水墨画韵味恰如其分，因而捶印过程就是用拓包作画的过程；（3）刚柔相济个性强烈，刚显示木雕轮廓线挺拔、飘逸、着墨多、明快，柔是雕面与面间的转折过渡圆滑顺畅。着墨少呈灰色，以刀笔的硬朗凸显金石的力度，这种表现是笔触达不到的效果，灰色使墨色由浓到淡的过渡平稳、柔和、自然，人们一看就能分别其同传统水墨画的区别；（4）拓片画面绝无雷同，拓片纯手工操作，不同于印刷，虽然拓片都在同一个雕制画面上拓出，外轮廓线形体一样，但由于各部位着墨次数是不相同的，着墨次数多、重，色调就偏黑，反之就偏灰，这种色差在拓制过程中是不可避免的，想拓出一样墨色效果的拓片是做不到的，所以从细节上分析每张拓片绝无雷同；（5）高品位、水墨画韵味的浅浮木雕画拓片，是融国画木雕，拓片艺术于一体的艺术表现形式，雕板以历代名家工笔国画为粉本，雕刻由我亲自操刀，并精心拓制。如此拓片，极大地丰富了传统拓片的艺术语言，是对传统拓片艺术的继承和发展，因而它具有极高的艺术价值、收藏价值。

精美的拓片令人崇敬，通过对两种拓片表现形式、拓制对象、拓制方法的探讨，结合我所要拓的实物的特征，发现两种方法都不适合于拓制浅浮木雕画。它的方法和理念可以继承、借鉴，但不能照搬。浅浮木雕画虽然多点在一个平面上，具有平面艺术的特征，但在塑造物体形态时多余的部分被剔除，物体间就形成了转折、过渡、凹陷。这些体现物体固有体积时的特征，在拓制时高点着墨多，过渡部分着墨少，凹陷部分不着墨、拓制出的画面呈黑白、灰色调。这种特殊的拓制色调正好符合水墨画的韵味，更凸显出木雕画以国画为粉本的国画原意。使雕刻国画通过拓制而还原国画水墨画表现形式原貌，因此我将此种拓片叫做"水墨画拓画"。

为拓制出精美的水墨拓画，我对传统拓制工艺和工具做了相应的改进，为拓制立体画面，改大拓包为小拓包，为不损伤污染原作、改胶合物上纸为清水上纸。蘸墨宁淡勿浓，要浓多次拓印，逐渐变浓，捶印宁轻勿重，一切以拓印效果为准绳。

我的拓片制作工艺流程有：（1）雕板，雕板是确定拓什么，形成拓制器物。选用不易变形含油量较高有一定密度、光洁度的木材，雕刻、构图严谨、气韵生动、雕工精细、圆润、藏锋不露，雕刻高度在1—2毫米内，符合拓制

要求，纸上后还得揭下来；（2）上纸，选用安徽汪同和连史纸，纤维长抗拉力强，先用清水浸湿木板，待木板有一定湿度后将纸覆盖在木板上，然后将湿毛巾盖在纸上，双手垂直用力向下压，使纸紧密于雕刻面、利用水的浸湿和纸浆的黏性使纸与雕刻面相结合；（3）排出气泡。纸覆盖雕刻面时会产生气泡，气泡会隔离纸与雕刻面相连，用双手用力由内向外挤压逐步排出气泡，沉力要均匀，移动要平缓，不能使纸产生皱纹和破洞；（4）捶印，待纸完全干透显白方可捶印，根据捶印效果选用不同规格拓包在试纸上接触，吸去过量墨量达到理想含量后方可在宣纸上捶印（宣纸着墨后具有不可更改性，一着不慎前功尽弃），捶印遵循"宁干勿湿、宁淡勿浓、宁轻勿重"原则，根据画面要求反复捶印，捶印用力的轻与重、快与慢，局部着墨次数都关系到作品成败，其实质是用拓包在作画，必须做到胸有成竹；（5）揭纸，捶印完成后晾干一段时间，再由外至内顺势轻轻揭起，切忌用力过猛过快，当感觉有一定阻力时应停下，检查是否有过墨黏连情况，稍不慎纸破了，也就废了。

2019年9月30日，湖北省第二届（荆州）园林博览会在荆州举办。我的浅浮木雕画作品受邀参加展出，当组委会成员来我家考察参展作品，看到我的水墨画韵味拓片时，他们大加赞赏，当即表态，此拓片要同时展出，为此我赶制装裱了一批拓片。记者邹大正得知此消息，立即来到我家拍照撰文，于10月9日在荆州今日头条上以《首创、拓片拓出水墨画》进行报道。我的浅浮木雕画作品，水墨画韵味的浅浮木雕画拓片在楚文化馆展出，弘扬了荆楚文化成果，作品受到专家、学者、市民的一致好评。

从树根拼凑几架制作，到根雕创作，再到浅浮木雕画创作，最后到水墨画韵味的浅浮木雕画拓片；创作从工作需要，到喜欢，再到痴迷，再到潜心研究；历经40余年，不曾预期、没有奢望，只是一步一个脚印默默耕耘，不求回报，只有追求。我所有的业余时间，生活中的积蓄都用在创作上。有没有名堂、有多大的名堂也无所谓，知足常乐。这也许是我国众多非遗传承项目中的一个缩影，想必它也会这样一代又一代地传承、发扬光大。◈

**图书在版编目（CIP）数据**

非遗传承研究.2024.2／陆建非主编.—上海：
中西书局，2024
ISBN 978-7-5475-2270-7

Ⅰ.①非… Ⅱ.①陆… Ⅲ.①非物质文化遗产—研究
—中国 Ⅳ.①G122

中国国家版本馆 CIP 数据核字（2024）第 096095 号

## 非遗传承研究 2024（2）

陆建非　主编

| | |
|---|---|
| **责任编辑** | 刘　博 |
| **装帧设计** | 杨钟玮 |
| **责任印制** | 朱人杰 |

| | | |
|---|---|---|
| **出版发行** | | 上海世纪出版集团 |
| | | 中西书局（www. zxpress. com. cn） |
| **地　址** | | 上海市闵行区号景路 159 弄 B 座（邮编：201101） |
| **印　刷** | | 上海商务联西印刷有限公司 |
| **开　本** | | 889 毫米×1194 毫米　1/16 |
| **印　张** | | 4.5 |
| **字　数** | | 140 000 |
| **版　次** | | 2024 年 6 月第 1 版　2024 年 6 月第 1 次印刷 |
| **书　号** | | ISBN 978-7-5475-2270-7/G・790 |
| **定　价** | | 35.00 元 |